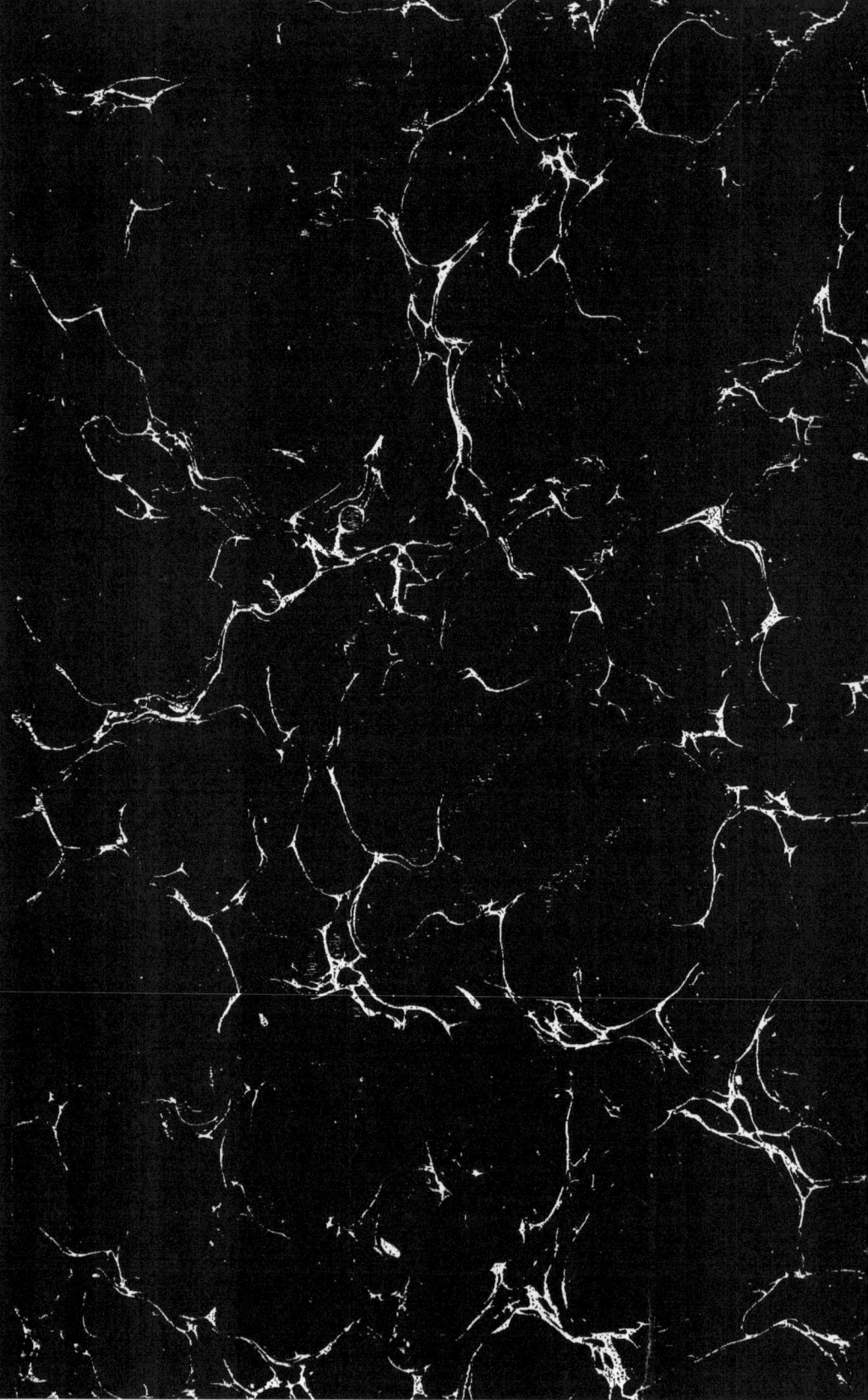

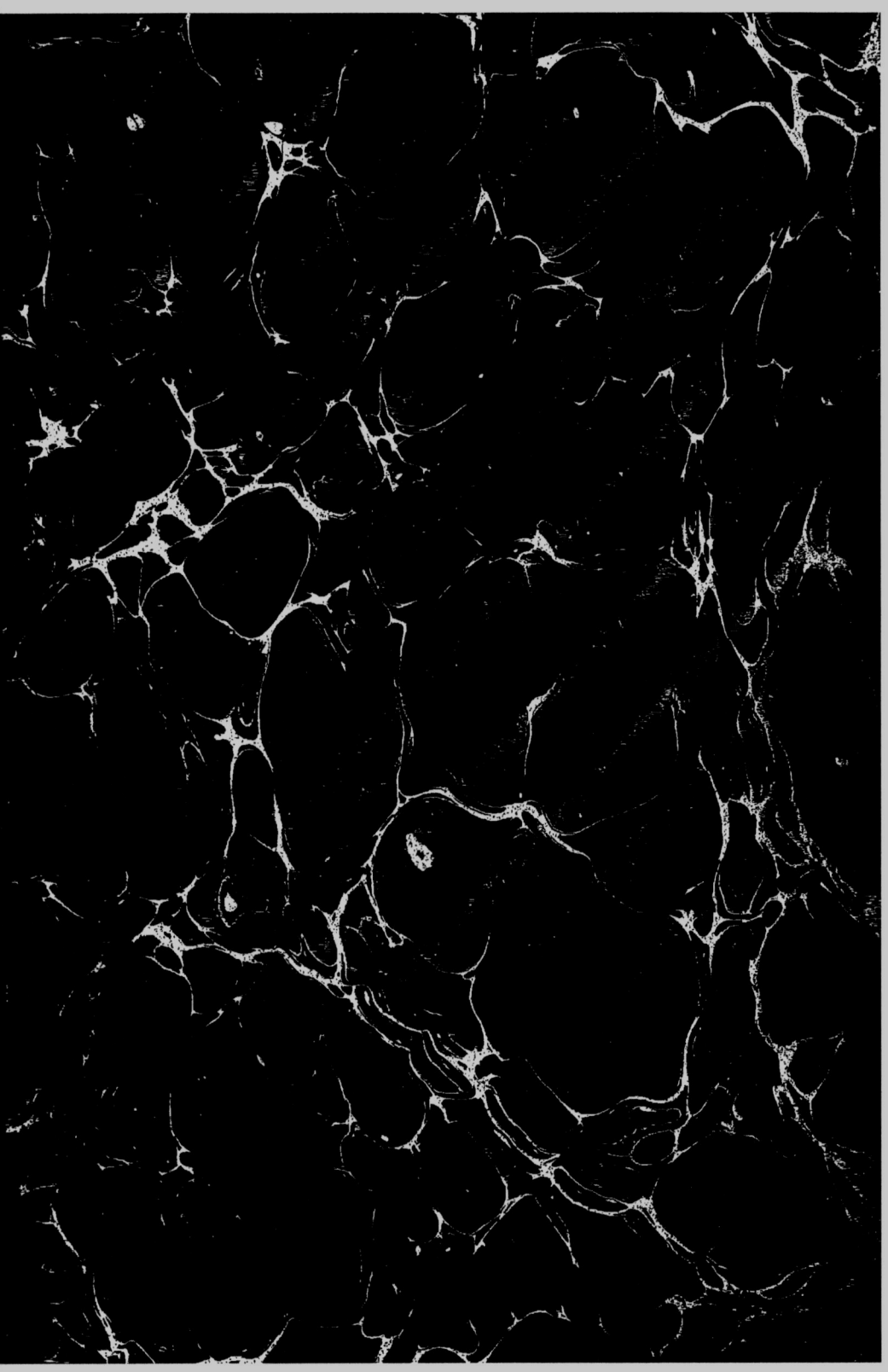

INVENTAIRE SOMMAIRE

DE LA

COLLECTION PÉRIGORD

A LA BIBLIOTHÈQUE NATIONALE

PAR

M. Philippe DE BOSREDON,

Vice-Président de la Société historique et archéologique du Périgord.

PÉRIGUEUX

IMPRIMERIE DE LA DORDOGNE (ANC. DUPONT ET Ce).

1890.

INVENTAIRE SOMMAIRE

DE LA

COLLECTION PÉRIGORD

A LA BIBLIOTHÈQUE NATIONALE

PAR

M. Philippe DE BOSREDON,

Vice-Président de la Société historique et archéologique du Périgord.

PÉRIGUEUX

IMPRIMERIE DE LA DORDOGNE (ANC. DUPONT ET Ce).

—

1890.

INVENTAIRE SOMMAIRE

DE LA

COLLECTION PÉRIGORD

A LA BIBLIOTHÈQUE NATIONALE.

Tous ceux qui ont eu une recherche à faire sur un point quelconque de l'histoire de notre province connaissent, au moins de nom, la collection cotée *Périgord* et conservée au département des manuscrits de la Bibliothèque nationale.

On sait que cette collection, formée au moyen de la réunion des immenses travaux de Leydet, de Prunis et surtout de Lespine, constitue une mine pour ainsi dire inépuisable de documents : documents sur l'histoire générale de la province; — documents sur l'histoire particulière des comtes, des villes, des évêques, des abbayes, des châteaux, des familles; — documents sur l'histoire des institutions religieuses, politiques, administratives. L'histoire elle-même n'est cependant pas écrite; l'édifice n'est pas construit; mais les matériaux en ont été rassemblés au prix d'une patience, d'une persévérance, d'un labeur qu'on ne saurait trop admirer.

La partie la plus intéressante de ce vaste recueil est évidemment celle qui contient la transcription des actes manuscrits originaux. Pour en réunir la plus grande quantité possible, les trois savants ecclésiastiques avaient compulsé tous les grands dépôts de Paris ou du Périgord. De plus, Leydet et Prunis avaient fait, quelques années avant la Révolution de 1789, un voyage dans les châteaux et abbayes du Périgord, afin d'étudier les archives locales et de transcrire ou d'analyser les pièces les plus importantes : travail d'autant plus précieux que la tourmente révolutionnaire a détruit ou dispersé un grand nombre de documents qui seraient à jamais perdus pour l'histoire, si Leydet et Prunis n'en avaient pas relevé la mention ou même conservé le texte.

En même temps qu'ils transcrivaient les chartes originales, Lespine, Leydet et Prunis s'étaient attachés à extraire des ouvrages imprimés, tant anciens que modernes, tous les passages se rapportant au Périgord. Ils ne se sont pas bornés à indiquer les sources, ils ont reproduit les textes, et pour montrer combien cette tâche, à elle seule, était laborieuse, il suffira de dire que les citations empruntées au *Gallia christiana* remplissent un volume entier du recueil (t. 42).

Mais si tout le monde connaît la collection Périgord, tout le monde n'est pas à portée d'y recourir : il faut être à Paris pour en faire le dépouillement, et de plus, il faut avoir le loisir de compulser 183 énormes volumes, à moins d'être guidé par un inventaire qui abrège et simplifie les recherches.

Cet inventaire n'existait pas jusqu'à présent ; car nous ne saurions considérer comme suffisants un catalogue général publié par l'administration de la Bibliothèque nationale (1) et un catalogue du fonds Lespine inséré par M. de Gourgues en tête de son *Dictionnaire topographique du département de la Dordogne* (p. LXXXI). Ces deux catalogues se bornent à mentionner, à peu de chose près, le titre des volumes. A la fin de sa *Bibliographie périgourdine* (p. 258), M. de Roumejoux a également donné, d'après le *Cabinet historique*, un catalogue du fonds Leydet et Prunis ; mais sa liste, qui contient d'ailleurs des indications fort utiles, ne correspond pas à l'ordre des volumes, d'où il résulte une certaine complication pour les recherches.

Ces considérations m'ont déterminé à dresser un inventaire plus complet, qui donnera une idée des matières contenues dans chaque tome. Je ne me suis attaché, ni à mentionner chaque pièce, ce qui eût exigé un ouvrage très étendu et très dispendieux, ni à apprécier et à discuter les

---

(1) Dans un fascicule imprimé intitulé : *Collections*.

documents, ce qui eût nécessité un travail très considérable et très ardu. C'est un simple *Guide* que j'ai voulu faire, et j'ose espérer que, même réduit à ces modestes et brèves proportions, mon catalogue, quelque imparfait qu'il puisse être à certains points de vue, ne sera pas sans utilité.

Je n'entreprendrai donc pas de donner ici la description de la collection Périgord. Il suffira d'expliquer qu'elle est divisée en deux fonds : le fonds Leydet et Prunis (t. 1 à 22), et le fonds Lespine (t. 23 à 183).

Cette classification ne doit pas être prise au pied de la lettre. Le fonds Leydet et Prunis, par exemple, contient plusieurs tables chronologiques écrites de la main de Lespine ; et d'autre part, le fonds Lespine contient plusieurs volumes (t. 92 à 94) intitulés *Papiers Leydet*.

On ne saurait non plus considérer comme correspondant à une classification exacte les titres et sous-titres des volumes et des dossiers. En parcourant l'inventaire, on constatera que nombre de pièces ont été transposées ou n'ont pas été rangées à leur véritable place.

Les volumes sont en général formés de cahiers et surtout de feuilles volantes contenant les transcriptions ou copies d'actes faites par Leydet, Prunis et Lespine ; ces cahiers et feuilles volantes ont été reliés de manière à constituer une série de tomes format in-folio, après avoir été collés, quand il y avait lieu, sur feuillets ou sur onglets.

La collection comprend en outre :

1° Des ouvrages imprimés contenant le célèbre Mémoire sur la constitution civile de la ville de Périgueux et d'autres Mémoires rédigés pour la défense des bourgeois de Périgueux contre les prétentions du domaine (t. 68 à 70) ;

2° Des cahiers ou registres reliés par les soins de Lespine, sur lesquels il transcrivait sans ordre régulier les documents dont il prenait copie, et qui lui servaient aussi pour écrire des notes, le journal de ses voyages, etc. (t. 38 à 45, 56, 65 à 67, 71 à 76, 107 à 109) (1).

---

(1) Le format de ces cahiers ou registres varie de l'in-12 au petit in-folio.

Il faut ajouter que le recueil ne comprend pas seulement des transcriptions ou des copies. Certains volumes contiennent d'anciennes chartes originales ou des papiers plus modernes, également en original ou copies du temps, souvent authentiquées ou vidimées (t. 81 à 91, 96 à 99, 114). D'autres contiennent les lettres écrites à Lespine, à Prunis ou à Leydet (t. 100 à 106, 183).

Je me borne à ces détails, n'ayant aucunement la prétention de me livrer à une étude bibliographique et voulant seulement, ainsi que je l'ai dit plus haut, offrir à mes compatriotes un *Guide* pratique, un fil conducteur. J'aurais atteint mon but, si j'avais réussi à rendre plus accessibles pour eux les innombrables richesses historiques de la collection Périgord.

Ph. DE BOSREDON.

FONDS PRUNIS ET LEYDET.

TOME 1.

A 1-3.

Recueil d'histoires, chroniques, cartulaires, avec quelques pièces originales et autres.

Extraits du *Liber chronicarum ecclesiæ Sancti-Juniani* (Saint-Junien, en Limousin) (f° 2).

Extrait d'un ancien manuscrit de l'hôtel-de-ville de Périgueux (f° 25).

> Copie ancienne d'un manuscrit intitulé :
> « Extrait des vieux papiers du Consulat, escript en périgourdin, touchant les horribles et détestables maux commis et perpétrés par Archanbault Taleyrant, comte de Périgord. »

Extraits d'un manuscrit de la maison de ville de Périgueux, contenant des faits relatifs à l'histoire du Périgord dans les XIV° et XV° siècles (f° 49).

Registre contenant le procès-verbal de l'élection des maire et consuls de Périgueux le 14 novembre 1677 et les délibérations consulaires du 18 novembre 1677 à septembre 1678 (original) (f° 71).

TOME 2.

A 4-5.

Recueil d'histoires, chroniques, cartulaires, avec quelques pièces originales et autres.

(Suite.)

Histoire du Périgord, par M. Chancel de Lagrange (f° 1).
> Ecrite et apostillée de la main de Chancel de Lagrange, avec une épître dédicatoire adressée à M. de Macheco de Prémeaux, évêque de Périgueux. — Ire partie, s'étendant depuis la conquête des Romains jusqu'en 865.

Abrégé de l'histoire du Périgord de M. Lagrange-Chancel (f° 361).
> Extraits (faits par Leydet) de la IIe partie de la même histoire, depuis le IXe siècle jusqu'à la confiscation du comté de Périgord en 1399.

TOME 3.

A 6-7.

Recueil d'histoires, chroniques, cartulaires, avec quelques pièces originales et autres.

(Suite.)

« Histoire du Périgord, » par M. Chevalier de Cablanc (f° 1).

« Mémoires historiques sur les abbés et les évêques de Sarlat, » par M. Tarde (f° 142).
> Premier exemplaire, s'arrêtant à l'année 1636 (f° 143). — Deuxième exemplaire, s'arrêtant à l'année 1724 (f° 195).

TOME 4.

A 8-15.

Recueil d'histoires, chroniques, cartulaires, avec quelques pièces originales et autres.

(Suite.)

Diverses compositions littéraires ou récits historiques (f° 1).
Recueil original de M. le chevalier de Fayolle, contenant notamment :
Des pensées sur les belles-lettres, la morale, etc. (f° 2). — « Voyage de Mme la marquise de *** à son retour de Caseneuve à Théobon le 22 janvier 1681 » (f° 36) ; — « Extraits tirés des *Essais* du sieur de Maleville sur le pays de Quercy (entrée du sieur de Giverzac vers le roi après son rappel d'Espaigne) » (f° 39). — « Relation de la fin de M. de Montmorency à Tholoze l'an 1632. » (f° 42).
Extraits du cartulaire de l'abbaye de Chancelade (f° 51).
Procès-verbaux des assemblées synodales de Périgueux en 1640, 1641, etc., et des assemblées extraordinaires des vicaires généraux du même diocèse en 1646, le siège épiscopal étant vacant (f° 76).

Originaux :
Privilèges originaux de la ville de Bergerac (1322) (f° 194).
Pièces originales diverses (f° 201), notamment :
Demandes faites au pape par Reymond de Turenne (1400). — Lettres patentes du roi Charles IX (1572). — Certificat de Blaise de Montluc, pour constater l'incendie et le pillage de plusieurs églises et monastères de la Bigorre, lors du passage du comte de Montgomery (1575). — Passe-port accordé par le comte de Tende à Mme de Sallegourde (1579). — Lettre de M. de La Filhoüie à M. de Beynac. — Mémoires et instructions aux députés de la province de Bordeaux envoyés à l'assemblée générale du clergé de France (1594). — Arrêt du Grand Conseil servant de règlement au siège présidial de Périgueux.

Copie de divers documents concernant l'histoire du Périgord.

Procès-verbal de Pons de Ville, que le roi saint Louis avait envoyé à Périgueux pour faire des inhibitions au comte de Périgord et régler les différends qui étaient entre ce dernier et les maire et consuls de Périgueux (1246) (f° 245). — Partage de la vicomté de Turenne entre Hélis de Turenne, femme d'Hélie Rudel, seigneur de Bergerac, et Raymond de Turenne, son cousin (1251) (f° 248). — Lettres du roi Charles VII par lesquelles il ordonne la levée d'une somme de 6,000 livres sur le Haut et Bas-Limousin pour faire le siège de la forteresse de Thenon (1439) (f° 251). — Relation de l'entrée et de la prise de possession de la charge de sénéchal et gouverneur de Périgord par M. Philibert de Pompadour, marquis de Laurière (1678) (f° 254). — Réception de M. le maréchal duc de Richelieu, comme gouverneur de Bordeaux à son entrée (f° 265); relation de l'entrée de M. le maréchal de Richelieu à Périgueux, en qualité de gouverneur de Guienne (f° 269); pièces relatives à cette entrée (f° 275).

TOME 5.

B

Mémoires militaires et autres, relations de batailles, sièges et prises de villes.

Histoire du premier duc et maréchal de La Force (Jacques Nompar de Caumont) (troubles de Guienne et siège de Montauban et la prise de Sainte-Foy) (f° 2).

Copie d'un ancien manuscrit coté : « Ceci sert pour l'histoire du premier maréchal de La Force » (guerres de Lorraine) (f° 84).

Histoire de Jacques Nompar de Caumont, pair et maréchal de France (f° 126). — Autre manuscrit portant le même titre (f° 274).

Mémoires sur la vie de Geofroi de Vivans, seigneur de Doyssac, capitaine de cinquante hommes d'armes des ordonnances du roi, conseiller en ses Conseils d'Etat et privé, gouverneur du Périgord et du Limousin, et en particulier de Domme et Caumont ; tirés des originaux qui se conservent dans les archives de Doyssac, en Sarladais (f° 218). — Ordonnances rendues par Geofroi de Vivans (formules imprimées avec signature autographe) (f°s 255, 256). — Lettres des rois, princes, seigneurs et autres utiles à l'histoire générale de la France et en particulier à celle de la province du Périgord (annexe aux Mémoires de Vivans) (f° 257).

Extraits des Mémoires du président de Chastillon (f° 279); — des *Mémoires de Gaspard, comte de Chavagnac* (f° 291); — des *Lettres de la marquise de Sévigné* (f° 297); — de l'*Histoire d'Henri IV*, par Hardoin de Péréfixe (f° 297).

Extraits de divers actes originaux (communiqués par M. d'Ambois, seigneur de Boribrut, ancien maire de Périgueux (f° 299).

Journal de la campagne de Mahon, de M. de La Galissonnière (f° 304).

Relation de la prise de Périgueux en 1575 (f° 315).

Notes historiques diverses (f° 345).

TOMES 6-7-8.

C 1-30.

Recueil de lettres des rois, reines, ministres, généraux et grands seigneurs, adressées aux seigneurs de Caumont La Force.

TOMES 9-10.

D 1-2.

Dépouillement des archives des rois de Navarre conservées autrefois au château de Pau, en Béarn, et à Nérac (1).

TOME 9.

Archives de Pau. — Ier recueil (f° 2). — Table chronologique (1081-1543) (f° 51). — IIe recueil (f° 60). — Table (1244-1540) (f° 109). — IIIe recueil (f° 120). — Table (1234-1516) (f° 168). — IVe recueil (f° 177). — Table (1180-1542) (f° 231).

TOME 10.

Archives de Pau. — V^e recueil (f° 1). — Table (1240-1548) (f° 54). — VIe recueil (f° 62). — La table manque. — VIIe recueil (f° 115). — Table (1226-1587) (f° 166). — VIIIe recueil (f° 174). — Table (1249-1579) (f° 214).

Archives de Nérac (f° 218). — Table (1226-1591) (f° 231).

---

(1) Les extraits sont faits par Leydet, les tables par Lespine.

TOME 11.

E 1-5.

Mémoires historiques pour la province du Périgord (1).

Extraits du Trésor des chartes (f° 1).
Extraits des archives de la Chambre des comptes (f° 11). — Table chronologique (1172-1667) (f° 91),
Extraits des recueils de Dupuy (f° 97) ; — de Gaignières (f° 100).
Extraits du recueil de Doat (f° 116). — Table chronologique (1003-1621) (f° 144).
Extraits de l'inventaire des archives de Pau (f° 150) ; — de divers manuscrits de la Bibliothèque nationale (f°s 172, 261) ; — de la *Chronique de Saint-Denis* (f° 229) ; — de l'*Histoire de Charles V*, par Juvénal des Ursins (f° 263) ; — des *Chroniques* de Monstrelet (f° 268) ; — des manuscrits de l'abbaye de Saint-Germain (f° 276) ; — de D. Estiennot (f° 299) ; — des rôles gascons de la Tour de Londres (f° 343) ; — de Rymer (f° 365).
Extraits des registres secrets du Parlement de Bordeaux depuis son établissement en 1462, jusqu'à nos jours (f° 379).

TOME 12.

F

Mémoires historiques pour la province du Périgord.

(Suite.)

Extraits des archives de l'évêché de Périgueux (f° 2). — Table chronologique (1044-1717) (f° 42).
Extraits divers (f° 57).
Sentence relative à la délimitation des paroisses Saint-Front et Saint-Silain de Périgueux (f° 63).
Acte de confidence de l'évêché de Périgueux (1599) (f° 65).
Abrégé ou fragment d'une ancienne chronique des évêques de Péri-

---

(1) Les extraits contenus dans cette série ont été faits soit par Leydet, soit par Prunis, soit par divers collaborateurs dont le nom est indiqué ; les tables chronologiques ont été dressées par Lespine.

gueux, écrite dans le xiie siècle et imprimée dans la *Nova bibliotheca* du P. Labbe (f° 69).

Catalogue des évêques de Périgueux (f° 72) ; — des évêques de Périgueux et de Sarlat (f° 75).

Mémoires pour servir à l'histoire du cardinal de Bourdeille (f° 80). — « *In laudem eminentissimi sanctissimique viri Eliæ de Bourdeilles, S. R. E. cardinalis, Elegia*. Authore Antonio Durroux, sacerdote. Tutelæ, apud Petrum Chirac.... M DCC LXIII. » In-4° de douze pages. (f° 86).

Procédure sur l'élection d'un évêque de Périgueux, litigieuse entre Geofroy de Pompadour de Châteaubouchet et Jean de Bourdeille de Montagrier (1500) (f° 92).

Procès-verbal de l'entrée solennelle de Geofroy de Pompadour, évêque de Périgueux (1503) (f° 120).

Reconnaissance de 12 deniers de rente faite au chapitre de Périgueux par Jean de Jaubert, abbé de Chancelade (1431), et note des dates de prise de possession de plusieurs évêques de Périgueux (1385-1561) (f° 126).

Catalogues des évêques de Sarlat (f°s 129, 136) ; — des abbés et des évêques de Sarlat (f° 139).

Histoire civile et religieuse du Sarladais d'après les papiers de l'évêché ou plutôt du chapitre de la cathédrale (f° 158).

Extraits des archives de l'évêché d'Agen (f° 166).

Extraits des archives du chapitre collégial de la Rochebeaucourt (f° 184).

Extraits des archives du chapitre de Saint-Astier (f° 186). — Table chronologique (1013-1652) (f° 218). — Catalogue des abbés de Saint-Astier (f° 225).

Extraits des archives de l'abbaye de Cadouin (f° 229).

Catalogue des abbés de Chancelade (f°s 297, 301).

Extraits des archives du couvent de Sainte-Claire de Périgueux (f° 302). — Table chronologique (1220-1731) (f° 327).

Liste des prieurs de Saint-Cyprien (f° 334). — Extraits des archives du prieuré de Saint-Cyprien et du château de Fages, en Sarladais (f° 342). — Extraits de plusieurs anciens titres concernant le prieuré de Saint-Cyprien (1306-1530) (f° 367).

Lettres du roi Louis XI relatives au prieuré de Fontaines (f° 371).

Extraits des archives de l'abbaye de Fongaufier (f° 374). — Histoire de Belvès, communiquée par M. Juge, de Belvès (f° 385). — Table chronologique des extraits des archives de Fongaufier et de Belvès (1095-1674) (f° 393).

Extraits du nécrologe de Saint-Pardoux-la-Rivière (f° 397).

Fondation du couvent des Minimes de Plaignac par le comte de Foix-Gurson (1615) (f° 399).

Extraits des archives de l'abbaye de Pérouse (f° 402).

Extraits des archives de l'abbaye de Saint-Amand-de-Coly (f° 412) ; — du château de Peyraux (f° 418); — du château de Losse (f° 420) ; — du château de Pazayac (f° 424, verso) ; — de l'abbaye de Terrasson (f° 427, verso) ; — de la ville de Martel (f° 431) ; — du château de La Serre (f° 439). — Table alphabétique de ces divers extraits (f° 443).

Extraits des archives de la Chartreuse de Vauclaire (f° 450). — Table chronologique (1328-1522) (f° 467). — Documents sur Vauclaire (f° 469).

Catalogue des abbesses du Bugue (f° 476). — Lettre de l'abbé Nadaud, curé de Teyjac, à M. de Prémeaux, évêque de Périgueux, au sujet de la découverte d'un catalogue des abbesses du Bugue (f° 479).

Document relatif à l'évêché de Périgueux (fragment) (f° 480).

TOME 13.

G

Mémoires historiques pour la province du Périgord.

(Suite.)

Extraits des registres de l'hôtel-de-ville de Périgueux (f° 1).

Ier recueil (extraits du Livre Jaune et du Livre Noir, 1463-1585) (f° 3). — Table (f° 83). — IIe recueil (extraits du Livre des comptables, du Petit Livre Noir, du Livre Rouge ; titres divers ; 1217-1361) (f° 109). — Table (f° 361).

Mémoire général pour les nobles bourgeois de Périgueux ... contre le fermier des domaines et des droits de franc-fief de la généralité de Bordeaux. [Paris], Lamesle, 1755. In-folio de 35 pages (f° 382).

Extrait des titres et pièces de la ville de Périgueux produits au procès. s. l. n. d. (1) In-folio de neuf pages (f° 400).

Mémoire pour les bourgeois de la ville de Périgueux servant de réfutation à l'avis de l'inspecteur du domaine. [Paris], Prault, 1750. In-folio de 31 pages (f° 406).

Inventaire des titres de la Chambre du conseil de la ville de Périgueux (1598) (f° 422).

---

(1) Annexé probablement au *Mémoire* précédent.

TOME 14.

H 1-4.

Mémoires historiques pour la province du Périgord.

(Suite.)

BERGERAC (f° 1).

Copie du titre d'un ouvrage imprimé, intitulé :

Inventaire général du domaine appartenant à la communauté de la ville de Bergerac, droits, revenus, etc., le tout mis en ordre étant maire et consuls..... [suivent les noms]. A Bergerac, par Michel Vernoy, M DC IX (f° 2, verso). — *Excerpta ex archivis domus communis villæ Brageriaci* (f° 3). — Table chronologique du cahier de Bergerac (1343-1675) et table alphabétique des principaux faits et des noms des personnes les plus connues dont il est fait mention dans ledit cahier (f° 63). — Mémoire historique sur la ville de Bergerac (f° 75). — Observations sur les coutumes de Bergerac (f° 78). — *Mémoire à consulter pour les consuls et habitans de la ville de Bergerac.* M DCC LXXIII. Petit in-4° de 18 pages (f° 81).

SARLAT.

Mémoire sur les privilèges de Sarlat (f° 90).

DOMME.

Mémoire pour servir à l'histoire de la ville de Domme (1214-1750) (f° 95). — *Ex archivis communis villæ Montis-Domæ* (f° 114). — Note sur le couvent de Domme (f° 125). — *Extrait des registres du Conseil d'Etat* (arrêt rendu dans une contestation entre les consuls, habitans et communauté de Domme et l'évêque de Sarlat). Paris, imprimerie Rondat. In-folio de seize pages (f° 127).

EYMET.

Privilèges de la ville d'Eymet et autres documents (f° 135).

MORLAS, en Béarn.

Extrait des coutumes de Morlas (1200) (f° 139).

VERN.

Coutumes de la bastide de Vern accordées par Archambaud III, comte de Périgord, en 1285, et par Hélie VIII, en 1299 et 1301 (f° 141).

MOLIÈRES.

Coutumes de Molières, ou privilèges accordés par Edouard Ier, roi d'Angleterre, à la bastide de Molières, en 1286, et extraits de quelques actes conservés dans les archives du château de Cardou (f° 154).

L'ISLE.

Coutumes de la ville de l'Isle, données par Philippe-le-Bel en 1309 (f° 162).

Documents divers.

Fragment d'un cahier de reconnaissances relatives à une contestation entre le prieur de Beaumont et le marquis du Fresnay (f° 170) (1).

---

(1) Ce document ne paraît pas se rapporter au Périgord.

TOME 15.

H 5.

Mémoires historiques pour la province du Périgord.

(Suite.)

Documents sur la baronnie de Beynac (f° 1).
Extraits des archives du château de Berbiguières (f° 13).
Recueil contenant : 1° des extraits des archives du château de Biron ; 2° plusieurs mémoires sur la ville de Domme ; 3° mémoires de M. d'Artensec, avocat (f° 15). — Table chronologique (1239-1764) (f° 61).
Extraits des archives du château de Bourdeille (f° 71).
Extraits des archives du château de Doyssac (f° 72).
Extraits des archives du château de La Force (f° 86).

> Ier recueil (f° 86). — IIe recueil (f° 118). — Tables chronologiques du premier recueil (1121-1716) (f° 127) ; — du second recueil (1295-1670) (f° 136).

Extraits des archives du château du Fraysse, près Terrasson (f° 139).
Extraits des archives du château d'Hautefort (f° 140).
Extraits des archives du château de la Roque des Péagers (1189-1670) et table chronologique (f° 150).
Extraits des archives du château de Sainte-Alvère (f°s 160 et 173).
Extraits des archives des Cordeliers de Montignac (f° 166).
Lettre du marquis de Rastignac à Leydet (1775) (f° 171).
Extraits des archives du château de Saussignac et table chronologique (1259-1685) (f° 209).
Extraits des archives du château de Sermet (Cugnac) (f° 229).
Extraits divers (f° 236).

TOME 16.

I

Recherches sur la noblesse et les généalogies des anciennes familles du Périgord.

Catalogue d'une partie des vrais et faux nobles du Périgord, commencé sous M. de Pelot, intendant de Guienne, vers 1665 (f° 2).

Documents concernant le Limousin (f° 37).

Histoire générale de la maison de Bourdeille, composée sur les titres originaux et tirée du cabinet de M. Clairambault [suivie de documents sur la même maison] (f° 42).

Titres de la maison d'Abzac de Ladouze, par M. Lacoste (f° 213). — Extraits des archives de la maison d'Abzac et autres pièces (f° 252).

Généalogie de la maison d'Aloigny (f° 286).

Généalogie des seigneurs de Beauregard du nom d'Aubusson (f° 289).

Tableau généalogique de la maison de Bardon (f° 299).

Extraits de titres sur la maison de Bideran (1471-1756) (f° 303).

Généalogie de la maison de Cardaillac (f° 305).

Aperçu de la généalogie de la maison de Charlut de Laborde (f° 309).

Extraits des archives de Cadouin sur le nom de Cugnac (f° 312).

Note généalogique sur la famille Duboscq (f° 315).

Recherches sur la maison des du Soley, anciens citoyens de la ville de Bordeaux (f° 319).

Extraits du cartulaire de Chancelade, concernant la maison de La Cropte (f° 322).

Tableau généalogique concernant la famille Le Boulanger (f° 324).

Notes sur la maison de Lubersac (f° 327).

Extraits des manuscrits de D. Estiennot sur la maison de Royère (f° 334).

Recueil des titres de la maison de Solminhac de Bellet (f° 337).

Mémoire à joindre aux titres de la maison de Talleyrand (f° 340). — Mémoire pour servir à l'histoire du cardinal de Talleyrand-Périgord (f° 357).

TOME 17.

J 1.

Extraits de divers ouvrages imprimés concernant l'histoire du Périgord.

Extraits des ouvrages ci-après :

Spicilège de D. Luc d'Achery (f° 2). — *Histoire de la ville de La Rochelle* (f° 4). — Ouvrages de Baillet (f° 27). — Ouvrages de Baluze (f° 58). — *Cosmographie* de Belleforest (f° 61). — *Droit public de la France*, par Bouquet (f° 72). — *Nouvel examen de l'usage des fiefs en France*, par Brussel (f° 112). — *Mémoires* de Castelnau (f° 125). — Extraits d'un ouvrage publié à Londres (titre effacé) (f° 135). — *Dictionnaire universel*, extraits concernant les diocèses de Périgueux et de Sarlat (f° 148) (1). — *De Prerogativâ allodiorum*, par Dominrey (f° 198). — *Glossaire* de du Cange (f° 212). — *Histoire des Normands*, chroniques d'Orderic Vital (f° 216). — *Etat de l'Eglise du Périgord*, par le P. Dupuy (f° 247). — *Notitia provinciarum et civitatum Galliæ* (f° 257). — *Gallia christiana* (f° 263).

---

(1) Sont intercalés : au folio 154, un acte passé entre l'archevêque de Bordeaux (Mgr Champion de Cicé), seigneur de Saint-Cyprien, Belvès et Bigaroque, et Joseph Prunis, prieur royal de Saint-Cyprien, au sujet de la terre et seigneurie de Saint-Cyprien (expédition notariée en original) ; — au folio 175, une note relative à la famille de Léotard ; — au folio 259, des listes des papes et des souverains de divers États.

TOME 18.

J 2.

Extraits de divers ouvrages imprimés concernant l'histoire du Périgord. (Suite.)

Extraits des ouvrages ci-après :

Le P. Labbe (f° 1). — *Dictionnaire des fiefs,* par A. de La Place, avocat à Périgueux. In-8°, Paris, Saugrais fils, 1757 (f° 11). — *Bibliothèque historique* du P. Lelong (f° 14). — *Histoire des antiquités de la ville de Soissons* (f° 18). — *Mémoires* de Lenet (f° 23). — *Rôles gascons de la Tour de Londres* (f° 38). — Extraits d'un ouvrage de l'abbé de Langoiran (f° 53). — *Chronique bourdeloise*, par Gabriel de Lurbe (f° 67). — *Thesaurus novus anecdotorum* de D. Martène (f° 70). — *Histoire des Gaules*, par D. Martin et autres bénédictins (f° 87). — *Ordonnances des rois de France* (f° 100). — *Fœdera* de Rymer (f° 112). — *Essais historiques* de M. de Saint-Foix (f° 185). — *Considérations sur l'esprit militaire des Gaulois*, par M. de Sigrais (f° 196). — *Instructions pour le franc-alleu de la province du Languedoc*, par J. C. (Casenave) (f° 199). — *Conciles de France* (f° 200). — *Géographie historique, civile et ecclésiastique* de D. Vaissette (f° 210). — *Histoire de France* de Velly (f° 221) — Divers ouvrages latins et français (f° 236)

TOME 19.

K 1

Mélanges historiques et littéraires contenant plusieurs mémoires et dissertations sur les antiquités et divers sujets historiques, et des notices sur la vie et les ouvrages de plusieurs savants et hommes célèbres du Périgord.

Dissertation sur l'utilité des histoires particulières des provinces (f° 2).
Observations sur l'*Art de vérifier les dates* (f° 12).
Géographie ancienne du Périgord (f° 14).
Remarques sur la province du Périgord (f° 17).
Dissertation sur la rivière de l'Isle (f° 24).
Note sur l'histoire naturelle du Périgord (f° 25).
Dissertation sur les anciens itinéraires (f° 28).
Note relative à la colonne milliaire de l'empereur Florien (f° 33).
Lettre du sieur Bernus, préfet du collège, demandant des renseignements sur la question de savoir « comment les anciens habitants du Périgord élevaient la jeunesse » (1775) (f° 34).
Extraits divers (f° 35).
Liste des sénéchaux du Périgord (f° 46).
Mémoires sur l'histoire du Périgord (f° 51).
Mémoires pour la légende du bienheureux P. Thomas, patriarche de Constantinople (f° 77).
Extraits des Mémoires de la ville de Brive contre le duc de Noailles (f° 86).
Notes diverses (f° 97).
« Histoire littéraire de la province du Périgord par un chanoine régulier de Chancelade (1765). Précieux » (f° 130).
Extraits de l'*Histoire littéraire des Troubadours*, par Millot (f° 136).
Extrait des œuvres du P. Frizon, natif de Brantôme (f° 143).

Notices sur divers Périgourdins, notamment :

> La Grange-Chancel (f° 153). — Le P. Grézel, jésuite, natif de Sarlat (f° 156). — Arnault de Laborie (f° 157). — P. de Laval, de la ville de Périgueux (f° 166). — Michel Montaigne (f° 167). — Paulin de Périgueux (f° 168). — Jacques de Pons (f° 168 v°). — Talpin, chanoine de Périgueux (f° 169). — Christophe de Roffignac (f° 170). — La Calprenède (f° 178). — Cyrano de Bergerac (f° 178).— Le prince de Chalais (f° 178 v°). Chapt de Rastignac (f° 179). — Aimoin (f° 180). — Brantôme (f° 180).— Claude de Bourdeille (f° 180 v°). — Baudot de Jully (f° 180 v°). — Armand de Gontaut (f° 181).

Autres notes :

> La Calprenède (f° 183). — Chapt de Rastignac f° 184). — Montaigne (f° 185). — L'abbé Delfau (f° 186). — Arnault de Cervole (f° 187).

Oraison funèbre de Charlotte Nompar de Caumont de Lauzun, comtesse de Gurson et du Fleix (f° 189).

Pièces diverses (f° 201).

Délibération de l'assemblée générale administrative du département de la Dordogne nommant Joseph de Prunis, prieur de Saint-Cyprien, en qualité d'historiographe du département (1790) et pièces annexes (f° 202).

Brevet d'admission de Guillaume Lédet (sic) dans la Confrérie de la Sainte-Vierge du collège de Bordeaux (f° 212).

TOMES 20-29

L

Traités de géométrie, trigonométrie, algèbre, physique, chimie, astronomie, histoire naturelle, par Leydet.

FONDS LESPINE

TOME 23

Périgord en général.

I

Textes des anciens auteurs concernant le Périgord.

Anciens monuments (1) concernant le Périgord et la ville de Périgueux jusqu'à la mort de Clovis (f° 1).

Recueil de vingt-quatre anciens monuments où il est fait mention des *Petrocorii* et de *Vesuna* ou *Vesona* depuis 50 ans avant Jésus-Christ jusqu'au règne de Charlemagne (f° 6).

Liste des anciens monuments où il est fait mention du Périgord depuis Jules César jusqu'à l'an 1000 (f° 19).

Catalogue des anciens monuments où il est fait mention du Périgord et de sa ville capitale (f° 65).

Extraits de la *Notice de la Gaule*, par Damville (f° 79).

(Notes de Leydet).

Notes, recherches et extraits relatifs à l'histoire générale du Périgord.

Notice des pièces qui me sont nécessaires pour compléter mes recherches et me faciliter l'intelligence de plusieurs points historiques du moyen-âge (f° 86).

(Cette notice est de la main de Lespine).

Inventaire d'une caisse de papiers venant du cabinet de M. de B. (2), ministre et secrétaire d'Etat (f° 93).

---

(1) Ce mot est pris dans le sens de *Monuments écrits*.
(2) Probablement Bertin.

L'inventaire commence ainsi : « Ces papiers consistent en plusieurs mémoires imprimés et manuscrits et en un nombre considérable de copies et extraits de chartes.... ». — Il est divisé en six chapitres : — « Chapitre Ier. Livres et mémoires imprimés et manuscrits. — Chap. II. Copies des titres pris au Trésor des chartes. — Chap. III. Contenant plusieurs copies et extraits qui se trouvent dans le registre de Philippe-Auguste dans la Bibliothèque du roi. — Chap. IV. Contenant plusieurs copies et extraits de lettres des papes qui vivaient au commencement du XIIIe siècle, lesquelles copies ont été faites aux archives du Vatican par M. du Theil et envoyées à M. de Bréquigny à Paris. — Chap. V. Contenant plusieurs extraits des registres *Olim* et *Judicata* du Parlement de Paris ; pièces relatives à la confiscation du comté de Périgord sous le comte Archambaud VI. — Chap. VI. Contenant la copie de plusieurs titres qui sont aux archives de Pau. — Chap. VII. Contenant la copie de plusieurs titres qui sont aux archives de l'Hôtel-de-Ville de Périgueux. — Chap. VIII. Mélanges. » L'inventaire donne l'intitulé des pièces comprises dans chaque chapitre.

Archives de Nérac. Table chronologique (1226-1591) (f° 114).

Archives de Pau. Table chronologique (f° 119).

Ier recueil (1081-1543), (f° 119). — IIe recueil (1244-1540), (f° 128). — Les IIIe et IVe recueils manquent. — V^e recueil (1240-1548), (f° 140). — Papiers mêlés (1249-1579), (f° 147).

Tableau de l'inventaire de Pau (fonds Doat, vol. 241) (f° 151).

Recueil d'anciens titres du Périgord jusqu'au XIIe siècle inclusivement (IXe siècle — 1091) (f° 154).

Table des pièces contenues dans le volume 246 de Doat (titres concernant les comtes de Périgord, etc. (f° 161) ; — dans le volume 245 de Doat (titres concernant les comtes de Périgord et les vicomtes de Limoges) (f° 162).

Observations sur l'*Histoire de la ville de Bordeaux*, par D. de Vienne (f° 165).

Chronique bourdeloise composée cy-devant en latin par Gabriel de Lurbe, Aduocat en la Cour, Procureur et Syndic de la ville de Bourdeaus, et par luy de nouveau augmentée et traduite en françois..... A Bordeaux, par S. Millanges, imprimeur ordinaire du Roy (1594) (f° 167).

(Imprimé de 70 pages in-12).

Extraits du tome XIX de l'*Histoire de France*, par Garnier (f° 201).
(Notes de Leydet).

Extraits de la *Bibliothèque des Manuscrits* du P. Labbe (f° 242).
(Notes de Leydet).

Extraits de la *Chronique* de Geofroy, prieur de Vigeois (f° 291).
Note sur les irruptions des Sarrazins (f° 297).

Remarques anciennes de Bragerac, tirées par moy soubsigné de mot à mot sur un vieux livre du Thrésor des archives de la maison commune de Bragerac... (f° 300).

(Manuscrit signé « Dufau, prieur de Bragerac ». — La période à laquelle il se rapporte s'étend de 1541 à la moitié du xviie siècle).

Extraits des *Mémoires de Castelnau pour servir à l'histoire du Périgord*, publiés par Le Laboureur (f° 325).
(Notes de Leydet).

Extraits des *Vies des Saints* par Baillet (f° 327).
(Notes de Leydet).

Extrait d'une ancienne chronique écrite en patois aquitain ou poitevin, au xiiie siècle (f° 361).

Langue et Antiquités du Périgord.

Documents à prendre dans l'Inventaire de Doat (f° 367).
Notes diverses (f° 368).

Antiquités de Vésone....., par M. Wlgrin-Taillefer, œuvre proposée par souscription (f° 369).

Imprimé ; prospectus de quatre pages in-4°.

Notice historique sur les antiquités et monumens de la cité de Vésone, à laquelle la ville de Périgueux a succédé dans le moyen-âge. Périgueux, F. Dupont, février 1806 (f° 371).

Imprimé ; 13 p. in-4°. — Signé : « les commissaires nommés par le conseil municipal pour les fouilles. » — Une note porte ce qui suit : « La partie historique et les notes nous ont été fournies par M. Wlgrin-Taillefer. »

« *Lo Solitudo de M. Rousset de Sarlat* en vers patouas » (ms.) (f° 379).
— « Dialogue entre trois bergers en idiome périgourdin, au sujet de la naissance de Mgr le duc de Bourgogne » (extrait du *Mercure galant*, novembre 1682) (f° 381). — « *Tsansou d'au bailliadxé*, air du vaudeville du *Mariage de Figaro* » (ms. ; intercalé dans le précédent).

Extraits divers sur les antiquités du Périgord (f° 383). — Au campdualié ou champ de bataille, paroisse de Sagelas (f° 386). — Grotte de Miremont (f° 397). — Ancien camp près d'Urval et Belvès (f° 400).

Extrait des Mémoires de M. de Sarlat, de Domme (f° 401). — Note sur les inscriptions de la ville de Domme (f° 402) (1).

Extraits de Gruter (f° 406).

Note sur les antiquités de Périgueux (f° 413).

Extrait du *Recueil d'Antiquités* de M. de Caylus (f° 417) ; — de la *Vie des Saints*, de Baillet, sur l'église de Périgueux (f° 418) ; — de l'*Antiquité expliquée*, de Montfaucon (f° 419).

Mémoire sur une inscription découverte l'an 1754 à Périgueux (extrait de l'*Histoire de l'Académie royale des inscriptions et belles-lettres* (f° 421).

Extraits de Gruter (f° 423) ; — du *Recueil historique de la France*, de Dom Bouquet (f° 426).

Deux lettres de M. de Taillefer, 1804 (f° 433).

Dissertation sur les tours de Vernodes (f° 439).

(Avec dessins coloriés).

Lettre de Lespine sur Ecornebœuf (f° 441).

Fêtes de la Saint-Jean à Périgueux (f° 443).

Noms des localités du Périgord en *puy*, en *mont*, en *font*, etc. (f° 445).

Liste alphabétique des mots celtiques qu'on trouve dans les diocèses de Périgueux et de Sarlat (2) (f° 447) (3).

Note sur Neuvic (f° 454).

« Extrait d'un cayer de papier conservé dans les archives de Nérac et dont le titre est tel : *Extrait de certaines lettres sur le fait de la comté de Périgord* » (f° 456).

(Liste des paroisses avec le nombre des feux).

---

(1) Au f° 404 se trouve intercalée une note relative aux inscriptions d'une église de Francfort en Allemagne.

(2) Ces deux pièces auraient dû être classées à la fin du volume, à la suite du Dictionnaire étymologique.

(3) Au folio 450, je trouve intercalée une note intitulée : *Montagne et masures du château de Guttesberg*.

Recherches sur les noms de lieux en Périgord.

Liste des paroisses et châtellenies du diocèse de Périgueux dont les noms sont terminés en *ac* et en *gnac* (f° 457).

Notes sur l'étymologie de divers noms de lieux (f° 460).

Liste des noms romains tirés d'Ammien Marcellin (f° 462).

Extrait du livre intitulé : *Le Royaume de France*, par M. Doisy (f° 464).

Dictionnaire étymologique des noms des villes, paroisses, bourgs, châteaux, villages, fontaines, forêts, montagnes, etc., de la province du Périgord (f° 465).

Catalogue des paroisses de France dédiées à saint Hilaire (f° 512).

Liste des paroisses et des châteaux en *puy* et en *mont* dans les diocèses de Périgueux et de Sarlat (f° 513).

Noms français dérivés de l'allemand (f° 513 v°).

Notes étymologiques (f° 514).

DOCUMENTS DIVERS (f° 520).

Mémoires concernant l'histoire de la province du Périgord (f° 520).
(Notes de Leydet).

Tour de la Vésone (f° 524).

Dissertation sur un ancien monument romain qui se voit à Périgueux (f° 526).

TOME 24.

Périgord en général.

II

Recherches, notes et extraits concernant l'histoire générale du Périgord.

Extraits de l'*Histoire du Périgord*, par M. Tarde, chanoine de Sarlat (f° 1).

Extraits des manuscrits de Dupuy (f° 30).

Extraits divers (f° 32).

Extraits des manuscrits de Dupuy (f° 114).

Documents sur les gouverneurs, sénéchaux, etc.

Gouverneurs et commandants (f° 117).

Sénéchaux et juges-mages (f° 122).

Administration, justice, finances.

Administration, justice (f° 172).

Domaines, francs-fiefs (f° 180).

Compte de la recette et dépense du domaine du roi en Périgord en 1488 (f° 190).

Coutumes.

Recueil des coutumes des villes et bourgs du Périgord et des provinces voisines (f° 243).

Coutumes de Badefol (f° 244) ; — de Beaumont (f° 245) ; — de Beauregard (f° 246) ; — de Bénévent (f° 247) ; — de Bergerac (f° 248) (1) ; — de Beynac (f° 252) ; — de Biron (f° 253) ; — de Castillonnès (f° 255) ; — de Caumont (f° 256) ; — de Caussade (f° 257) ; — de Clermont-Sobeira (f° 258) ; — de La Françoise (f° 259) ; — de Grignols (f° 260) ; — de l'Isle (f° 261) ; — d'Issigeac (f° 262) ; — de Limeuil (f° 263) ; — de Marmande (f° 264) ; — de Molières (f° 265) ; — de Montignac-le-Petit (f° 267) ; — de Morlans (f° 268) ; — de Montpon (f° 269) ; — de Mussidan (f° 270) ; — de Nontron (f° 271) ; — de Périgueux (f° 272) ; — de Sarlat (f° 277) (2) ; — de Saussignac (f° 278) ; — de Siorac (f° 284) ; — de Saint-Antonin (f° 285) ; — de Saint-Barthélemy (f° 286) ; — de Sainte-Foy (f° 287) ; — de Toulouse (f° 289) ; — de Vernh (f° 290) ; — de Verilhac (f° 291) (3).

Etats du Périgord (1376-1649) (f° 292).

Finances, impositions (1311-1544) (f° 360).

---

(1) A la note concernant Bergerac est annexée une pièce imprimée intitulée : *Les statuts et coutumes de la ville de Bragerac*.

(2) En ce qui concerne Sarlat, aucune pièce n'accompagne l'intitulé de la note.

(3) Ces divers dossiers ne donnent pas en général le texte des coutumes ; ils ne contiennent le plus souvent que l'indication des sources ou des renseignements sommaires.

TOME 25.

Périgord en général.

III

AFFRANCHISSEMENTS.

Charte d'affranchissement de trois particuliers, dont un prêtre, par Bérard de Limeuil, seigneur de Limeuil et de Clarens (1333) (f° 1).

CROISADES.

Documents divers (1124-1219) (f° 6).

CLERGÉ, DÉCIMES (f° 13).

Documents divers (1315-1601) (f° 14).

Extrait des bénéficiers du diocèse de Périgueux qui sont compris au rôle des Etats-Généraux de France (f° 22).

AGRICULTURE (f° 23).

Documents divers (1453-1464) (f° 24).

GABELLE (1510) (f° 28).

HÉRÉTIQUES.

Documents divers (1555-1568) (f° 30).

LÉPROSERIES.

Documents divers (1217-1315) (f° 40).

LITURGIE.

Documents divers (XI° siècle-1536) (f° 44).

MINES, FORGES.

Documents divers (1508-1782) (f° 54).

MONNAIES DU PÉRIGORD (f° 58).

Recueil sur les monnaies du Périgord, par M. Leydet (f° 59).

Recueil sur les monnaies du Périgord, d'après mes recherches particulières (1156-1578) (f° 74).

Ce titre est de la main de Lespine.

NAVIGATION (f° 207).

Mémoire sur la navigation de la Dordogne (f° 208).

Documents divers (1357-1507).

POIDS ET MESURES (f° 218).

Documents divers (1206-1519) (f° 219).

Notes diverses (f° 227).

PROTESTANTS (f° 229).

« Entreprise du capitaine Clermont de Piles sur la ville de Bergerac, Mussidan et Sourzac, et ses succès » (1562-1563) (f° 230).

USAGES, SINGULARITÉS.

Notes et documents divers (1247-1464) (f° 234).

DOCUMENTS DIVERS.

« Arrest de la Cour du Parlement touchant la rémission du service à la Cité » (f° 249).

> Copie ancienne. L'arrêt se rapporte à la remise du service religieux dans l'église de la Cité.

« Inventaire tant des entrées des évesques de l'esglise cathédralle de Périgueux ou prinses de possession, obligations du chapitre de lad. esglise, que quittances des debtes payées par led. chapitre, trouvées dans le grand livre de *Requiem* appartenant au chapitre de lad. esglise cathédralle, lequel livre est par devers M. Chalup, chanoine... » (f° 252.)

Copie ancienne.

Extraits des *Olim* du Parlement de Paris (f° 280).

TOME 26.

Périgord en général.

IV

Documents, notes et extraits concernant l'histoire générale du Périgord.

Lettre du roi Louis XV au procureur général en la Cour de Parlement de Paris, autorisant la communication à M. Bertin, ministre et secrétaire d'Etat, de divers titres anciens concernant le Périgord (7 avril 1774) (f° 1).

(Original).

Titres divers (1250-1314) (f° 3).

Extrait des hommages rendus au duc d'Orléans, comte de Périgord, en 1400 (f° 7).

> (Extraits de l'inventaire des archives de Montignac et des archives de Pau).

Hommages rendus aux comtes de Périgord dans le xiv° siècle (f° 19).

> (Extraits des archives de Pau et autres documents) (1204-1398).

Documents divers (1060-1557) (f° 38).

Ordonnance rendue par le roi de Navarre, gouverneur et lieutenant-général pour le roi en Guyenne sur la requête de Marguerite de la Rebuffrie, veuve du feu sieur de Sallegourde (19 août 1577).

(Original scellé).

Extraits des archives de Pau (f° 67).

(Notes de Leydet).

Extraits du Trésor des chartes (IX° siècle-XV° siècle) (f° 87).

Extraits divers (f° 210).

TOME 27.

Évêché de Périgueux.

I

Pouillés du diocèse de Périgueux (f°s 1 et 14).

Copies anciennes.

Archiprêtrés.

Notes sur les archiprêtrés (f° 37 (1).

Notes relatives a l'organisation ecclésiastique du diocèse de Périgueux (f° 80).

Concilium Petragoricense (f° 85).

Doyens, archidiacres, [chanoines, chapitre, etc.]. (f° 91).

Extrait d'un catalogue des évêchés et abbayes de la chrétienté, avec leur taxe en cour de Rome (f° 92).

[Documents, notes et extraits concernant les doyens, archidiacres, chanoines, prévôts, etc., et le chapitre de Périgueux] (f° 94).

> Ce vaste recueil comprend : les listes des dignitaires de l'église de Périgueux ; des extraits des actes d'après lesquels ces listes ont été établies ; des extraits ou copies d'un grand nombre d'actes concernant les chapitres de Saint-Etienne et Saint-Front depuis l'origine.

Recueil de titres sur les pariages de Saint-Front et de Saint-Astier (f° 381).

Chapitre de Saint-Front, cour du célerier (1230-1533) (f° 398).

Extraits des archives de l'évêché de Périgueux et des archives du Vatican (f° 418).

---

(1) A la suite de cette note, on a intercalé par erreur : 1° Un article intitulé : « Mémoires pour l'ancienne histoire de Périgueux et particulièrement pour la tour de Vésone » (f° 46) ; — 2° Une note sur Genséric, roi des Vandales, et les dynasties arabes (f° 59) ; — 3° Une note d'étude sur les *Institutes* de Justinien (f° 68).

TOME 28.

Évêché de Périgueux.

II

CARDINAUX, [ARCHEVÊQUES ET ÉVÊQUES ORIGINAIRES] DU PÉRIGORD (f° 1).
Liste des cardinaux du Périgord (f° 2).
Documents concernant les cardinaux du Périgord et autres prélats (f° 3).
    Le cardinal de Talleirand (f° 3). — Boson de Salignac (f° 73). — Guillaume Méchin (f° 78). — Archambaud de Saint-Astier (f° 83). — Hélie de Nabinals ou Nabinaux (f° 87). — Philippe de Chamberlhac (f° 88). — Raimond de la Pradelle (f° 95). — Fortanier de Vassal (f° 98). — Pierre Thomas (f° 101).

Extraits des registres du Vatican (f° 103).
    Relevé des actes des souverains pontifes concernant le diocèse de Périgueux, sous les pontificats de : Jean XXII (1316-1334) (f° 103) ; — Benoît XII (1334-1342) (f° 137) ; — Clément VI (1342-1352) (f° 145) ; — Innocent VI (1352-1362) (f° 204) ; — Urbain V (1362-1370) (f° 225) ; — Grégoire XI (1370-1378) (f° 240) ; — Clément VII (1378-1394) (f° 262) ; — Benoît XIII (1394-1424) (f° 285).

TOME 29.

Évêché de Périgueux.

III

Documents généraux concernant les évêques de Périgueux.

Catalogue des évêques de Périgueux (f° 1).
Entrées solennelles des évêques de Périgueux (f° 3).
Incendies (f° 4).
Notes diverses (f° 5).

Extraits de la *France ecclésiastique* (1779-1790) (f° 6).
Fondations d'églises et de chapitres (1209-1250) (f° 9).
Abbayes, prieurés et cures du Périgord (f° 10).
Extraits des archives du Vatican.
Documents, extraits et notes concernant les évêques, abbés, abbesses, originaires du Périgord (f° 99).
Extraits des registres du Vatican (f° 152).
Patronages du chapitre de l'église Saint-Front de Périgueux (f° 198).
Extraits de Dom Claude Estiennot et de divers auteurs sur les abbayes du Périgord (f° 201).
Extraits des archives du Vatican (f° 249).
Extraits des archives du Vatican et des archives de l'hôtel-de-ville et de l'évêché d'Agen, concernant le diocèse d'Agen (f° 255).
Extraits des archives de la Chartreuse de Vauclaire (1328-1522) (f°278).
Extraits du *Gallia christiana* (f° 279).
Catalogue des évêques des sièges limitrophes du Périgord depuis la fondation de leur église jusqu'au xve siècle (f° 281).
Notes diverses (f° 284).
Recueil de plusieurs chartes des ixe, x^e et xie siècles concernant les églises d'Aquitaine (f° 287).
Notes diverses (f° 292).

TOME 30.

Évêques de Périgueux.
(300-1295).

Documents généraux concernant les évêques de Périgueux
(suite) (f° 1).

Catalogue des évêques de Périgueux (f° 2).
Recueil de copies et extraits de lettres concernant les évêques de Périgueux (f° 68).
Entrées solennelles des évêques de Périgueux (f° 69).
— Usage observé à la mort des évêques de Périgueux et à la première entrée de leurs successeurs (f° 70).— Entrée des évêques de Périgueux (f° 71).
Catalogues des évêques de Périgueux (f° 72).
Fragment d'une ancienne chronique des évêques de Périgueux (f° 79).
Charte de l'an 1222 tirée des archives du chapitre de Saint-Astier, contenant une chronologie abrégée des évêques de Périgueux (f° 86).
Catalogue des évêques de Périgueux (f° 89).

Recueil d'anciens titres concernant les évêques de Périgueux (f° 121).

Saint-Front (f° 122). — Auscleobus (f° 128). — Marcus (f° 129). — Ermenomaris (f° 137). — Guillaume de Montberon (f° 145). — Raimond de Thiviers ou de Lastours (f° 148). — Guillaume Gradin (f° 179). — Guillaume d'Auberoche (f° 188). — Guillaume de Nauclar (f° 226). — Geofroi de Cauze (f° 234). — Raimond de Mareuil (f° 241). — Jean d'Asside (f° 258). — Pierre Mimet (f° 267) — Adémar de La Tour (f° 281). — Raimond de Castelnau (f° 299). — Ramnulfe de Lastours (f° 319). — Raimond de Pons (f° 357). — Pierre de Saint-Astier (f° 365). — Hélie de Pelet (f° 437). — Raimond d'Auberoche (f° 464).

TOME 31.

Évêques de Périgueux.
(1295-1500).

Recueil d'anciens titres concernant les évêques de Périgueux.
(Suite) (f° 1)

Evêques du xive siècle : Audoin de Neuville (f° 2). — Raimond de Durfort (f° 23). — Gérard de Corbières (f° 69). — Guillaume Astier (f° 72). — Adémar de Neuville (f° 96). — Arnaud de Villemur (f° 104). — Guillaume de La Garde (f° 112). — Pierre Tizon (f° 126). — Hélie Servient (f° 199). — Pierre de Durfort (f° 255).

Evêques du xv° s. — Extraits du *Gallia christiana* concernant les évêques de Périgueux pendant la première moitié du xve s. (f° 278). — Guillaume Fabri (f° 284). — Raimond de Bretenoux (f° 290). — Raimond de Péruce (f° 322). — Gantonnet d'Abzac, proposé pour l'évêché de Périgueux (f° 332). — Etienne, nommé à l'évêché de Périgueux (f° 329). — Bérenger d'Arpajon (f° 333). — Hélie de Bourdeille (f° 379). — Radulphe du Fou (f° 435). — Geofroi de Pompadour (f° 449). — Gabriel Dumas (f° 508).

TOME 32.

Évêques de Périgueux.

(1500-1815).

Documents, notes et extraits concernant les évêques de Périgueux.

Evêques du xvie s. (f⁰ 1). — Geofroi de Pompadour (f⁰ 2). — Recherches sur un prétendu évêque de Périgueux en 1504 nommé Jean Auriens dans le *Gallia christiana*, t. II, col. 1483 (f⁰ 62). — Guy de Castelnau (f⁰ 65). — Jacques de Castelnau (f⁰ 76). — Jean de Plas (f⁰ 82). — Foucaud de Bonneval (f⁰ 95). — Claude de Longwy, cardinal de Givry, administrateur du diocèse de Périgueux (f⁰ 106). — Auguste de Trivulce, cardinal (f⁰ 111). — Jean de Lustrac (f⁰ 117). — Geofroi de Pompadour (f⁰ 124). — Guy Bouchard d'Aubeterre (f⁰ 132). — Antoine d'Apchon (f⁰ 141). — Pierre Fournier (f⁰ 144). — François de Bourdeille (f⁰ 152) (1).

Evêques du xviie s. : Jean Martin (f⁰ 164). — François de La Béraudière (f⁰ 169). — Jean d'Estrades (f⁰ 183). — Philibert Brandon (f⁰ 187). — Cirus de Villiers de La Faye (f⁰ 191). — Guillaume Le Boux (f⁰ 197). — Daniel de Francheville (f⁰ 208) (²).

(¹) Ce dossier contient un imprimé intitulé : *Confidence de l'évêque de Périgueux passé devant notaire le 15 novembre 1599*. Imp. Knapen, 1738. 4 p. in-4⁰ (f⁰ 159).

(²) Ce dossier contient un imprimé intitulé : *Oraison funèbre de Daniel de Francheville, évêque de Périgueux, conseiller du roy en tous ses conseils, prononcée en l'église de la Manufacture le 18 juillet 1702 par le P. Jean Dubois, de la compagnie de Jésus, docteur en théologie*. Périgueux, imp. Dalvy. 39 p. in-4⁰ (f⁰ 218).

Evêques du xviiie siècle : Pierre Clément (f° 238).
— Michel-Pierre d'Argouges (f° 243) (1). — Jean-Chrétien de Macheco de Prémeaux (f° 251) (2). — Gabriel-Louis de Rougé (f° 260). — Emmanuel-Louis de Grossolles de Flamarens (f°s 250 et 261).
Evêques du xixe s. : Dominique Lacombe (f° 265). Alexandre de Lostanges (f° 266) (3).

TOME 33

Abbayes (4) *du diocèse de Périgueux* (5).

I

Andrivaux, ancienne abbaye (f° 1).
Arsault (La recluse de l') (f° 3).
Aubeterre, abbaye et chapitre (f° 5).
Bergerac (Carmes de), couvent (f° 49).
— (Jacobins de), couvent (f° 51).
— (Récollets de), couvent (f° 138).

---

(1) Ce dossier contient une *Harangue* (manuscrite) *faite à Mgr d'Argouges, évêque de Périgueux, par les élèves du collège des Jésuites, à Périgueux* (en patois).

(2) Ce dossier contient trois lettres autographes de Mgr de Macheco à l'abbé Le Bœuf, de l'Académie des Inscriptions, au sujet de l'église Saint-Front.

(3) Ce dossier contient les imprimés suivants : *Lettre pastorale de Mgr l'évêque de Périgueux à l'occasion de son installation.* Paris, Le Clère, 8 p. in-4° (f° 266). — *Relation de ce qui s'est passé depuis l'arrivée de Mgr de Lostanges, évêque de Périgueux.* Périgueux, imp. Danède, 10 p. in-4° (f° 270). — *Mandement de Mgr l'évêque de Périgueux sur le saint temps du carême* (1822). Périgueux, imp. Danède, 7 p. in-4°. — *Ordonnance de Mgr l'évêque de Périgueux pour l'érection du chapitre de la cathédrale.* Périgueux, imp. Danède, 7 p. in-4° (f° 260). — *Statuts du chapitre de l'église cathédrale de Périgueux.* Périgueux, imp. Danède, 19 p. in-4°, f° 284.)

(4) Les dossiers des abbayes, prieurés, etc., contiennent, en général : 1° le catalogue nominatif des abbés, abbesses, prieurs, etc.; 2° des extraits des ouvrages imprimés, et notamment du *Gallia christiana* et de dom Claude Estiennot ; 3° le relevé des actes notés sur les registres du Vatican ; 4° des extraits ou copies des chartes, actes, etc., concernant chaque abbaye ou monastère.

(5) Il est superflu de faire remarquer que la délimitation entre le diocèse de Périgueux et celui de Sarlat (voir t. 37), est celle qui existait avant la Révolution.

Boschaud, abbaye (f° 149).
Brantôme, abbaye (f° 179).
Bugue (le), abbaye (f° 267).
Chancelade, abbaye (f° 299).
Châtres, abbaye (f° 387).
Calabre (Monastère de), (f° 421).

    Copie d'une lettre de Baluze au chanoine de Gérard (29 mars 1655).

Faye (La) de l'Eguillac-de-Lauche, prieuré (f°ˢ 425,441).
Faye (La) de Jumilhac, prieuré (f° 436).
Fongaufier, abbaye (f° 443).
Fontaines, prieuré (f° 463).

TOME 34

Abbayes du diocèse de Périgueux.

II

La Peyrouse, abbaye (f° 1).
Le Peyrat, prieuré (f° 39).
Ligueux, abbaye (f° 41).
Montcaret, prieuré (f° 84).
Paunac, prévôté (f° 86).
Périgueux (Cordeliers de), couvent (f° 129).
   — (Jacobins de), couvent (f° 134).
Plaignac (Minimes de) (f° 142).
Rochebeaucourt (chapitre de La) (f° 150).
Saint-Astier, abbaye (f° 180) (1).
Extraits du cartulaire de Saint-Cibar d'Angoulême (f° 355).

---

(1) Ce dossier contient un Mémoire imprimé intitulé : *A messieurs les Administrateurs du Directoire du département de la Dordogne. Réplique pour le sieur abbé Roche*. Périgueux, imp. Dubreuilh, 16 pages in-4° (f° 328).

TOME 35

Abbayes du diocèse de Périgueux.

III

Sainte-Claire de Périgueux (f° 1).
Saint-Cyprien, prieuré (f° 53).
Saint-Front, de Périgueux, ancienne abbaye (f° 78).
Saint-Jean de Côle, prieuré (f° 82).
Ordre de Malte (f° 90).

    Donations faites à l'hôpital de Saint-Jean-de-Jérusalem, par le comte de Périgord et divers seigneurs périgourdins (f° 91). — Lettre du roi Philippe-le-Bel aux consuls de Périgueux contre les Templiers (1311) (f° 93). — Extrait des archives d'Hautefort (f° 94). — Relation des biens et personnes de l'hôpital de Saint-Jean-de-Jérusalem dans le diocèse de Périgueux, dressé par ordre du pape Grégoire XI (1373) (f° 95). — Extraits des archives du Vatican (1375) (f° 102). — Commandeurs de Condat (f° 103). — Extraits divers (f° 104).

Saint-Martin et Saint-Cybar de Périgueux, ancienne abbaye (f° 109).
Saint-Médard de l'Abbaye, *vulgo* l'Abadie, prieuré, ancienne abbaye (f° 111).
Saint-Silvain de la Monzie (f° 119).
Saint-Pardoux-la-Rivière, prieuré (f° 126).
Sainte-Ursule (couvent de) (f° 132).
Saintes (Extrait du cartulaire de Notre-Dame de) (f° 134) (1).
Sauve-Majeur (Extraits des archives de la) (f° 146).
Sourzac, prieuré (f° 213) (2).

---

(1) A la suite de cet article (f° 201) sont intercalées quelques pièces originales sans rapport avec le Périgord : (1° Certificat délivré par François de Bonal, évêque de Clermont, pour légalisation de la signature du curé de Prondines en Auvergne ; 2° Actes divers relatifs au viguier d'Aix en Provence).

(2) Ce dossier contient un imprimé de 4 p. in-4° (s. l. n. d.), intitulé : *Factum pour m^{re} Henry de Taillefer, chevalier, seigneur compte de Roussille et autres places... contre messire Joseph-Raymond de Martin, écuyer, seigneur prieur de Soursat...*

Templiers (f° 226).
Terrasson, abbaye (f° 231).
Tourtoirac, abbaye (f° 264).
Tremolac, prévôté (f° 322).
Vauclaire (Chartreuse de) (f° 337).
Vigeois, abbaye [en Limousin] (f° 360).
Visitation (couvent de la) [à Périgueux] (f° 365).

TOME 36.

Evêché de Sarlat.

Histoire chronologique de l'église, diocèse et pays de Sarlat (f° 1).
> Notes chronologiques en deux séries : 1238-1767 et 1305-1705.

Evêché de Sarlat (f° 14).
> Catalogues des évêques de Sarlat (f° 15). — Notes et extraits divers (f° 27). — Recherches sur les évêques de Sarlat : Bertrand de Bérenger (f° 42); Pierre de Bourguignon (f° 47) ; Raimond de Roquecor (f° 61) ; Itier de Malayoles (f° 62) ; Pierre d'Itier (f° 65) ; Jean de Réveillon (f° 65) ; Hélie de Salignac (f° 74).

Chapitre de Sarlat (f° 77).
Note sur la levée des taxes communales à Sarlat (f° 98).
Ordonnance de Mgr Le Blanc, évêque de Sarlat, au sujet des obits de l'église d'Issigeac (f° 100).
> (Original scellé).

Extraits des registres du Vatican (f° 102).
> Relevés des actes des souverains pontifes concernant le diocèse de Sarlat sous les pontificats de Jean XXII (f° 102) ; — Benoît XII (f° 122) ; — Clément VI (f° 125) ; — Innocent VI (f°s 146,174) ; — Grégoire XI (f° 156) ; — Clément VII (f°s 162, 165) ; — Benoît XIII (f° 163). — Extraits des bulletins du cardinal Garampi, au mot *Sarlat* (f° 178).

TOME 37.

Abbayes du diocèse de Sarlat (1).

Aillac ou Ailhac (f° 1).
Aymet (Prieurs d') (f° 4).
Belvès (Bénédictins de) (f°s 5, 9) (2).
— (Extraits des archives de Fontgaufier et de) (f° 10).
— (Jacobins de), couvent (f° 14).
Biron (Bénédictins de), couvent (f° 20).
Cadoin [ou Cadouin], abbaye (f° 25).
Issigeac (f° 246).
Montpazier, chapitre collégial (f° 274).
— (Récollets de), couvent (f° 283).
Saint-Amand-de-Boixe [en Angoumois] (f° 283).
Saint-Amand-de-Coly, abbaye (f° 298).
Sainte-Alvère (f° 340).
Saint-Avit-Sénieur, prieuré et chapitre (f° 342).
Sarlat, abbaye (f° 369).

TOME 38 (3).

Extraits pour l'histoire ecclésiastique (du Périgord).

I

Extraits de l'ouvrage intitulé : *Germaniæ sacræ Prodromus, seu Collectio monumentorum res alemannicas illustrantium* (f° 5).
Extraits de l'*Amplissima Collectio...* de dom Martène (f° 49).
Extraits du *Magna Bibliotheca Patrum...* (f° 111).

---

(1) Voir la note 5 de la page 35.

(2) Au folio 8 se trouve intercalée une note relative aux Bénédictins de Rives en Agenais. Rives dépendait alors du diocèse de Périgueux.

(3) Petit cahier de format in-12, ainsi que les trois tomes suivants.

TOME 39.

Extraits pour l'histoire ecclésiastique (du Périgord).

II

Extraits de l'ouvrage de Baluze intitulé : *Epistolarum Innocentii III, Romani pontificis, libri undecim.*

TOME 40.

Extraits pour l'histoire ecclésiastique [du Périgord].

III

Extraits des *Acta* de Rymer.

TOME 41.

Extraits pour l'histoire ecclésiastique (du Périgord).

IV

Notes prises à la bibliothèque électorale de Bonn (f° 1).

> Ces notes consistent en des extraits d'un ouvrage dont le titre n'est pas indiqué, les premiers feuillets du cahier ayant été lacérés. On y remarque des passages concernant les monastères de Génolhac et de Calabre (f° 39), les abbayes de Tourtoirac (f° 122), de Cadouin (f° 125) et de Ligueux (f° 129), le monastère de Saint-Silvain (f° 132), le prieuré de Sourzac (f° 140), le prieuré de Bergerac (f° 144) et divers évêques de Périgueux (f° 148).

TOME 42.

Extraits du GALLIA CHRISTIANA *pour l'histoire du Périgord.*

TOME 43 (1).

Vitæ Sanctorum Petragorici.

I

Observations de Basnage sur la vie et les écrits de Raban, archevêque de Mayence (extraits des *Lectiones antiquiæ Canisii*) (f° 5).

Dépouillement du Martyrologe de Raban pour ce qui concerne les saints du Périgord et provinces limitrophes (f° 7).

Dépouillement du Martyrologe de Notker Le Bègue, moine de St-Gall, en Suisse, pour ce qui concerne le Périgord et les provinces voisines (f° 13).

Note de Basnage pour servir à découvrir l'époque où Adon, de Vienne, a écrit son Martyrologe (f° 17).

Extrait d'un fragment des *Anciennes annales des François depuis 741 jusqu'en 793*, imprimé dans l'édition de Canisius par Basnage (extrait concernant l'Aquitaine) (f° 19).

Généalogie de Charlemagne, écrite par un anonyme l'an 867 (f° 23).

Note sur les bains de la ville d'Aix-la-Chapelle au temps de Pépin-le-Bref (extrait d'une ancienne chronique (f° 25).

Lettre écrite par Rurice Ier, évêque de Limoges, à Chronope, évêque de Périgueux, l'an 500 (f° 26).

Recherches sur le nom de l'évêque de Périgueux qui a précédé Chronope II (f° 28).

Observations de Basnage sur Lucidus, etc. (f° 29).

Titres des lettres écrites par Sidoine Apollinaire, évêque de Clermont au ve siècle (f° 31).

Titres des lettres de Rurice Ier, évêque de Limoges, à Césaire (f° 35).

Note sur une lettre écrite par Rurice à Césaire (f° 35).

Lettres écrites par Rurice à Aprunculus, évêque (f° 37).

Titres des lettres écrites par Desiderius ou Didier, évêque de Cahors, à différentes personnes (f° 39).

Titres des lettres adressées à Desiderius, évêque de Cahors (f° 40).

Lettre écrite par le même à Paul, évêque (f° 41).

Note sur le nom et l'étymologie de la ville d'Aire en Gascogne pour servir à découvrir celle d'Atur, près Périgueux (f° 42).

---

(1) Cahier in-4°, ainsi que les deux suivants.

Extrait des *Chroniques* de Prosper d'Aquitaine au sujet d'Asturius, consul de Rome (f° 42).

Extrait du calendrier du bréviaire du diocèse de Tours (f° 45).

[Documents sur saint Front, premier évêque de Périgueux] (f° 53).

Vie de saint Front, par Baillet (f° 53). — Légende et vie de saint Front, extraits du recueil des Bollandistes (f° 56). — Article *Saint Front* tiré du Martyrologe romain, avec les notes du jésuite Héribert Rosweide (f° 61). — Article *Saint Front* tiré du Martyrologe d'Usuard (f° 62). — Note sur saint Front, abbé de Nitrie, en Egypte, par les Bollandistes (f° 63). — Légende d'un saint Front solitaire dans le Maine au vi^e siècle (extraite des leçons du Bréviaire du diocèse du Mans) (f° 64).

Note sur les Henriciens et l'hérésie de Pontius en Périgord (extrait de la Vie de saint Bernard, par les Bollandistes) (f° 65).

Relation d'un miracle fait à Sarlat, par Bernard, abbé de Clairvaux, en 1147 (extrait de la Vie de ce saint par le moine Geofroi dans le recueil des Bollandistes (f° 66).

Extraits du bréviaire du diocèse du Mans (f° 67)

Récapitulation des noms des saints propres et particuliers au diocèse du Mans (f° 77).

Notes sur l'histoire de sainte Alvère, vierge et martyre, par les Bollandistes (f° 79).

[Documents sur saint Cyprien, abbé en Périgord] (f° 90).

Note du jésuite Rosweidus sur saint Cyprien (f° 90). — Vie de saint Cyprien, par Baillet. — Extrait du Martyrologe d'Usuard (f° 98).

Vie de saint Clair, par les Bollandistes, enrichie de notes sur le culte de ce saint en Périgord, Sarladais, etc. (f° 99)

Vie de saint Cibar (Eparchius), par les Bollandistes (f° 151).

Extrait de la Vie de saint Géry (Gaugericus), évêque de Cambrai, avec des notes relatives au voyage que ce saint fit en Périgord vers l'an 600 (extrait des Bollandistes) (f° 201).

Vie de saint Martin de Brive, par les Bollandistes, avec des notes sur son séjour à Savignac en Périgord (f° 213).

Vie de saint Celse, confesseur à Limoges, par les Bollandistes (f° 217).

Extrait de la Vie de saint Yrieix, avec l'examen d'un testament qu'il fit en 591 et où il est parlé de Saint-Médard-d'Excideuil (extrait des Bollandistes) (f° 218).

Extrait du procès-verbal de la béatification du bienheureux Pierre de Lux en 1387, où il est parlé de la guérison d'un Périgourdin nommé Pierre, fils d'Aimar de Mote sourd dès son enfance (extrait des Bollandistes) (f° 230).

Extrait du *Livre des miracles de saint Genulphe ou Genou, premier évêque de Cahors*, contenant une note sur la fondation de l'abbaye de Brantôme attribuée à Pépin (extrait des Bollandistes) (f° 231).

Vie de saint Calmine, par les Bollandistes (f° 235).

Extrait de l'histoire de saint Louis, avec des notes relatives à la médiation que ce roi employa entre le comte de Périgord et les bourgeois de Périgueux en 1245, 1246 et 1247 (extrait des Bollandistes) (f° 264).

Vie de saint Martial, évêque de Limoges, par les Bollandistes (f° 267).

Notes des Bollandistes sur le culte et les reliques de saint Siméon de Jérusalem, apportées autrefois à l'abbaye de Ligueux, en Périgord (f° 365).

TOME 44.

Vitæ Sanctorum Petragorici.

II

Extraits de l'*Histoire littéraire de la France*, par dom Rivet.

Saint Cibard d'Angoulême (f° 5). — Saint Vaast d'Arras (f° 6). — Saint Avit (f° 7). — Saint Géry (f° 7). — Saint Yrier (f° 8). — Saint Eusice, confesseur (f° 15). — Saint Caprais et sainte Foy, martyrs à Agen (f° 17). — Saint Didier, évêque de Cahors (f° 20). — Mererius, évêque d'Angoulême (f° 31). — Saint Rurice Ier, évêque de Limoges (f° 34). — Divers conciles au sujet des troubles excités à Sainte-Croix de Poitiers (f° 39). — Origine de la langue française et de la langue tudesque (f° 42). — Hilduin, abbé de Saint-Denis (f° 48). — Règle des chanoines, par Amalaire, prêtre de l'église de Metz (f° 55). — Notes sur les anciens martyrologes qui parlent de saint Front (f° 57). — Saint Raoul, archevêque de Bourges (f° 94). — Histoire des miracles de saint Martial, évêque de Limoges (f° 97). — Note sur la bataille d'Angoulême en 844 (f° 99). — Saint Memmie ou Menge, premier évêque de Châlons (f° 100). — Différentes notes détachées (f° 104).

Extraits (1) de l'*Abrégé chronologique de l'histoire de France*, par le président Hénault (f° 109).

Généalogies diverses, extraites du *Dictionnaire de la Noblesse*, par La Chesnaye-Desbois.

Généalogies de la maison d'Hautefort (2) ; — de la maison de Gontaut-Badefol ; — de la maison de Gontaut-Biron. — Notice sur Seguin de Gontaut-Badefol.

Alain de Solminhac (extrait de la *Vie d'Alain de Solminihac, évêque de Cahors, abbé régulier de Chancelade*, par le P. Chastenet).

Extraits de l'*Histoire générale des auteurs sacrés et ecclésiastiques*, par D. Ceillier.

Généalogies diverses, extraites du *Dictionnaire de la Noblesse* (suite).

Extrait de la généalogie de la maison de Polignac.
— Extraits de la généalogie de la maison de Comborn, par Moréri.

Notes sur les Martyrologes de Notker et de Florus ; — sur la formation de la langue française ; — sur les ravages des Normands ; — sur Raoul Ardent, orateur (extraits de D. Ceillier).

Liste des familles dont les généalogies ont été imprimées ou se trouvent en manuscrit séparément.

TOME 45.

Vitæ Sanctorum Petragorici.

III

Extrait du calendrier du bréviaire de Chartres (f° 5).

Vie de saint Mémoire, confesseur à Périgueux, par Daniel Papebroch (extraite du recueil des Bollandistes) (f° 13).

Vie de saint Sicaire, martyr à Brantôme (extraite des Bollandistes) (f° 17).

Vie du bienheureux Pierre Thomas, carme, patriarche titré de Constantinople, par Baillet (*Vies des Saints*) (f° 27).

---

(1) Lespine avait utilisé la fin de ce registre pour y transcrire divers extraits qui auraient dû être classés ailleurs.

(2) A partir des généalogies, les feuillets ne sont plus numérotés.

Histoire du culte du pape saint Léon Ier (extraite de Baillet) (f° 30). — Extrait de l'histoire du culte du pape saint Léon à Périgueux, où l'on prétendait mal à propos qu'il avait été enterré (extrait des Bollandistes) (f° 35).

Vie de saint Amand et de sainte Domnolène à Gemillac en Périgord ou plutôt Genouillac (extraite des Bollandistes) (f° 35).

Vie de saint Sor ou saint Sour, ermite à Terrasson (extraite des Bollandistes) (f° 42).

Vie de saint Vaast, évêque d'Arras (extraite de Baillet) (f° 69).

Extrait de la vie de saint Adalbaldus, duc de Douai, tué en Périgord vers l'an 652 (extrait des Bollandistes) (f° 79).

Extrait des notes d'Henschenius, un des Bollandistes, sur la vie de Sigebert, roi d'Austrasie, pour servir à déterminer l'époque où la loi romaine de Théodose a été introduite en Aquitaine (f° 89). — Note sur le même sujet, tirée de l'*Abrégé chronologique de l'histoire de France* par le président Hénault (f° 90).

Vie de saint Patrocle, vulgairement saint Parre, martyr de Troyes en Champagne, dont on conservait autrefois une partie des reliques à Périgueux (extraite de Baillet) (f° 91). — Note sur le culte de saint Patrocle à Périgueux (extraite des Bollandistes) (f° 97). — Vie de saint Patrocle, évêque et martyr dans la Gaule, différent du précédent (extraite des Bollandistes) (f° 98). — Autres notes sur le culte de saint Patrocle de Troyes (extraites des Bollandistes) (f° 103).

Vie de saint Sabinien ou Savinien de Troyes, martyr, et de sainte Sabine sa sœur, dont on honorait autrefois les reliques et dont on célébrait la fête à Périgueux (extraite de Baillet) (f° 109). — Extrait de la vie de saint Sabinien et de sainte Sabine (extraits des Bollandistes) (f° 112).

Fragment de la légende ou leçons de l'office de sainte Marthe dans le bréviaire d'Avignon, où il est dit que saint Front assista à ses funérailles (extrait des Bollandistes) (f° 117).

Vie de saint Hilaire, évêque de Poitiers (extraite de Baillet) (f°   )

Additions à la vie de saint Sor, ermite (extraites des Bollandistes et du Martyrologe d'Usuard (f° 149).

Sainte Sicharie, vierge, à Orléans (extrait des Bollandistes) (f° 151).

Vie de saint Avid, ermite en Périgord (extrait des Bollandistes) (f° 153).

Vie de saint Sacerdos, évêque de Limoges, patron de l'église de Sarlat, et de sainte Mundane, sa mère (extrait des Bollandistes) (f° 157). — Saint Sacerdos, évêque de Lyon (*ibidem*) (f° 249). — Notes tirées du Martyrologe d'Usuard (f° 250). — Vie de saint Sacerdos (extraite de Baillet) (f° 253).

Saint Florien, martyr en Aquitaine (extrait des Bollandistes) (f° 252).

Vie de saint Cybar (extraite de Baillet) (f° 259).

TOME 46.

Villes closes.

I

Catalogue des trente-deux villes closes du Périgord (f° 1).

ASTIER (Saint-) (f° 2).
> Documents divers (1212-1766) (f° 3). — *Mémoire pour le chapitre de Saint-Astier.* Impr. Didot, 1765; douze pages in-4°.

AYMET (f° 32).
Documents divers (1308) (f° 33).

BEAUMONT (f° 34).
> Extraits du recueil fait par Prunis au château de Biron (f° 35). — Documents divers (1) (1272-1408) (f° 37).

BELVÈS (f° 44).
> Catalogue des paroisses de la juridiction de Belvès (f° 45). — Documents divers (2) (1240-1450 et 1450-1674) (f° 46). — Mémoires historiques sur la ville de Belvès (f° 60). — Histoire de Belvès, communiquée par M...., juge de Belvès (f° 63).— Documents divers (1470-1661) (f° 64).
>
> Documents sur la forêt de la Bécède (ou Bessède) (f° 68). — Requête des gens de la R. P. R. pour être admis dans Belvès (f° 69).

BRANTOME (f° 70).
Documents divers (1183-1344) (f° 71).

CYPRIEN (Saint-) (f° 73).
Note sur la fondation des bastides (f° 74).

---

(1) Et notamment les coutumes et libertés de Beaumont, données par Edouard I•', roi d'Angleterre et duc d'Aquitaine (1286) (f° 38).

(2) Et notamment les lettres patentes de Louis, duc d'Anjou, fils de France, contenant plusieurs privilèges en faveur des habitants de Belvès (f° 52).

DOMME (f° 75).

Mémoires de M. Barry pour servir à l'histoire de Domme (f° 76). — Extrait du Trésor des Chartes (f° 87). — Mémoire pour la ville et le comté de Domme en exécution de l'arrêt du Conseil du 3 septembre 1764, par M. Barry (f° 89). — Documents divers (1) (1214-1527) (f° 92). — *Mémoire pour les consuls, habitans et communauté de la ville de Domme,..... demandeurs en cassation d'un arrêt du Parlement de Bordeaux du 17 may 1732, contre messire Denis-Alexandre Le Blanc, évêque de Sarlat, défendeur.....* Paris, imp. Rondet, 1734 ; 31 p. in-f°.

EXCIDEUIL (f° 117).

Mémoires pour Essideuil *(sic)* (f° 118) (2). — Documents divers (3) (571-1582) (f° 119).

ISLE (L') (f° 144).

Coutumes de l'Isle (1309-1519) (f° 145). — Observations de Prunis sur les privilèges de l'Isle (f° 153).— Documents divers (1239-1509) (f° 154). — Affaires de l'Isle (extraits des archives de l'évêché de Périgueux) (f° 158).— Documents divers (1342-1502) (f° 164). — Généalogie des seigneurs de l'Isle (f° 165).

ISSIGEAC (f° 166).

Le dossier ne contient aucune pièce.

LIMEUIL (f° 167).

Généalogie des Beauville, deuxième dynastie des seigneurs de Limeuil, et documents y relatifs (f° 168). — Paroisses de la châtellenie de Limeuil (f° 189). — Proverbe sur Limeuil (f° 190). — Documents divers (1279-1403) (f° 191). — Extraits faits par Leydet dans les archives du château de Sainte-Alvère (1264-1578), avec table des noms (f° 210).— Extraits divers (1270-1686) (f° 230).— Recueil de pièces concernant le château et la seigneurie de Limeuil, l'assassinat de Jean de Beaufort, les immunités et privilèges des habitants de Limeuil (f° 235).

---

(1) Notamment les lettres de François Ier en faveur de Domme (1527) (f° 99).
(2) Sur le verso du feuillet se trouve une note relative à Mussidan.
(3) Notamment la confirmation des privilèges de la ville d'Excideuil (1496) (f° 137).

LINDE (LA) (f° 249).

Documents divers (1279-1720) (f° 250).

TOME 47.

Villes closes.

II

MIREMONT (f° 1).

Documents divers (1516-1527) (f° 2). — Note sur la terre de Miremont (f° 5).

MOLIÈRES (f° 7).

Documents divers (1) (1202-1316) (f° 8).

MONTIGNAC (f° 20).

Documents divers (2) (ix° siècle-1776) (f° 21). — Note de Leydet sur le monastère de Saint-Thomas-de-Montignac (f° 41). — Extraits divers (f° 43).

MONTPAZIER (f° 47).

Documents divers (1284-1350) (f° 48).

MONTPON (f° 52).

Documents divers (1170-1783) (f° 53).

MONTRAVEL (f° 68).

Documents divers (f° 69).

---

(1) Notamment les coutumes et privilèges accordés à Molières par Edouard 1er, roi d'Angleterre (1286) (f° 9).

(2) Notamment les privilèges des habitants de Montignac (1269) (f° 24).

MUSSIDAN (f° 71) (1).

> Recueil de titres sur les anciens seigneurs de Mussidan (f° 71). — Armes de la ville de Mussidan (f° 72). — Note relative à Mussidan (f° 73). — Documents divers (2) (950-1406) (f° 74). — Seigneurs de Mussidan de la maison de Gramont, généalogies et documents (f° 157). — Pièces originales (f° 172). — Généalogie des anciens seigneurs de Gramont (f° 192). — Documents relatifs aux seigneurs de Gramont (f° 202). — Mémoires historiques sur la ville et la seigneurie de Mussidan (f° 216). — La tour du Puy-de-Châlus (f° 229). — La Bastille Saint-Louis (f° 229 v°). — Liste des seigneurs de Mussidan (f° 230). — Notes diverses (f° 232).

NONTRON (f° 235).

Documents divers (3) (785-1624) (f° 236).

ROCHEBEAUCOURT (LA) (f° 242).

Documents divers (1551) (f° 243).

SADILLAC (f° 244).

Documents divers (1355) (f° 245).

THIVIERS (f° 246).

Documents divers (1200-1788) (f° 247). — Extrait de la relation d'un voyage de Le Laboureur (xvii° siècle) (f° 255).

VILLEFRANCHE [-de-Belvès] (f° 256).

Coutumes de Villefranche et documents divers (1260-1289) (f° 256).

---

(1) La classification des pièces de ce dossier laisse beaucoup à désirer.

(2) Notamment les franchises accordées aux habitants de Mussidan par Augier de Montaut en 1255 (f° 85).

(3) Notamment les privilèges des habitants de Nontron (1410) (f° 237).

TOME 48.

Villes closes.

III

BERGERAC.

Documents divers (1198-1675) (f° 2). — Note relative à Bergerac (f° 129 v°°). — « Lo libro de vita, loquel es remembranssa dels grands mals et damnages que son estat fachs à la vila de Braguayrac » (1378-1577) (copie) (f° 131).— Recherches historiques sur la ville de Bergerac (f° 135). — *Coutumes et statuts de la ville de Bergerac, traduits du latin en françois par M. Etienne Trelier, conseiller du roy en la cour de Parlement de Bordeaux et chambre de l'édit de Guyenne, commentés par MM. de Lamothe, avocats au Parlement de Bordeaux.* Bergerac, Puynesge, M DCC LXXIX ; in-12 de 152 p. (f° 213). — Extraits du Trésor des Chartes (f° 240). — Mémoires historiques sur Bergerac (f° 305). — Mémoires pour servir à l'histoire de Bergerac ; 1er cahier : Origine de Bergerac (f° 300).— Idem ; 2e cahier : Dominations auxquelles le Périgord a été soumis depuis les Gaulois jusqu'à présent (f° 321).— Extraits étrangers à ce cahier (f° 325). — Listes des seigneurs de Bergerac (f° 329). — Extraits des archives de la maison commune de Bergerac et de diverses autres archives (f° 362) (1). — Savants et illustres (f° 392). — Note sur la ville de Bergerac (f° 395).— Droits du roi dans la ville de Bergerac et dépendances (f° 397). — Notes relatives à l'église paroissiale de Saint-Jacques et au prieuré de Bergerac (f° 399). — Liste des rues de Bergerac (f° 400). — Prisons et geôle (f° 401). — Hôpital de Bergerac (1198-1736) (f° 403). — Ecoles, collèges et séminaires (1508-1599) (f° 409).— Notes diverses (f° 414).

---

(1) Nous croyons devoir mentionner, au point de vue de la littérature locale, plusieurs pages de ces extraits relatives à *Capiote ou Pastourale limousine*, **comédie** (f° 364).

TOME 49.

Villes closes.

IV

PÉRIGUEUX. — I.

Recueil de copies et d'extraits de titres concernant la Cité de Périgueux (f° 1) (1). — Documents sur Saint-Front (f° 2). — Extrait d'un mémoire pour les habitants de la Cité de Périgueux, fait par Prunis (f° 16). — Documents divers (1120-1240) f° 17). — Dissertation sur le pariage de Saint-Front (f° 42). — Documents divers (1252-1283) (f° 53). — Léproseries (f° 67). — Anciens monastères de Périgueux (f° 68). — Recluses (f° 69). — Chapelles (f° 70). — Eglises (f° 71). — Dominicains (f° 72). — Documents divers (1284-1657) (f° 78). — Extraits divers (f° 247). — Note sur le droit de la leyde et péage (f° 274). — Liste des maisons sorties de la bourgeoisie de Périgueux (f° 275). — Lettre de Leydet à M. de Bertin (1773) (f° 276). — Extraits divers (f° 277). — Recherches historiques et critiques sur la commune de Périgueux (f° 280). — « Privilèges, franchises et libertés de la ville, cité et banlieue de Périgueux » (copie) (f° 284). — Formule pour la recette des tailles et autres impositions de l'Élection de Périgueux (f° 295). — *Privilèges, franchises et libertés de la ville, cité et banlieue de Périgueux*. Périgueux, Desforges, MDCLXII ; in-12 de 32 p. et 1 p. non numérotée (f° 296). — « Mise faite par Léon de Merle, syndic des Etats de Périgord, depuis le 19 juillet 1553 qu'il fut fait syndic » (f° 309). — Anciennes dénominations des lieux situés aux environs des ville et cité de Péri-

---

(1) Ce titre, qui paraît se rapporter à la Cité de Périgueux proprement dite, provient probablement d'un ancien classement qui n'a pas subsisté.

gueux vers le milieu du xv⁰ siècle (f⁰ 324). —
Relation de ce qui se passa lors de la prise de la
ville de Périgueux en 1575 (f⁰ 327). — *Notice his_
torique sur les antiquités et monuments de la
cité de Vésone, à laquelle la ville de Périgueux
a succédé dans le moyen-âge.* Périgueux, imp. F.
Dupont, février 1806 ; in-4⁰ de 13 p. (f⁰ 335).
— *Histoire de la prise de la ville de Périgueux
par les Huguenots en 1575, sous la conduite de
M. de Langoiran, qui la garda six ans moins
onze jours, et reprise de cette ville par le sieur
Desfieux en 1581* (ms.) (f⁰ 344). — Note sur
François de La Béraudière, évêque de Périgueux
(1) (f⁰ 387).

*Relation véritable de ce qui s'est passé en la
réduction de la ville de Périgueux à l'obéyssance
du Roy* (16 septembre 1653). S. l. n. d. ; in-4⁰
de 7. p. (f⁰ 388). — *Amnistie accordée par Son
Altesse Mgr le duc de Candale aux habitans de
Périgueux* (copie ms.) (f⁰ 392).

Discours prononcé par Mgr le prince de Condé après
le service du Roy, le 29 janvier 1793 (f⁰ 394).

Thèse dédiée aux maire et consuls de Périgueux par
les élèves du Petit-Séminaire, parmi lesquels
Pierre Lespine (1787). Impr. en placard (f⁰ 395).

Ordonnance de MM. les maire et consuls concernant l'assemblée de la compagnie de 60 volontaires à cheval. Impr. (f⁰ 396). — *A Mgr le duc
de Candale* (au sujet de l'amnistie). In-12 de 5
p. (f⁰ 397). — *Amnistie accordée par Sa Majesté
aux bourgeois et habitans de la ville, cité et
banlieue de Périgueux et à tous leurs adhérans de
la province de Périgord.* Périgueux, Dalvy, 1654 ;
in-4⁰ de 8 p. (f⁰ˢ 404 et 401). — *Mémoire général
pour les nobles bourgeois de Périgueux, seigneurs comtes, barons du territoire de ladite
ville, vassaux immédiats de la Couronne, contre
le fermier des domaines et droits de franc-fiefs*

---

(1) Cette note a été distraite par erreur du dossier de François de la Béraudière
dans le recueil des évêques de Périgueux (t. 32).

de la généralité de Bordeaux, [Paris], impr. Lamesle, 1755. In-f° de 30 p., plus 9 p. complémentaires (f° 405). — *Mémoire pour les bourgeois de la ville de Périgueux, servant de réfutation à l'avis de l'inspecteur du domaine,* [Paris], impr. Prault, 1750. In-f° de 31 p. (f° 428).

Liste des personnes qui ont été guillotinées à Périgueux et des Périgourdins guillotinés dans d'autres villes sous le règne de la Terreur (f° 444).

TOME 50.

Villes closes.

V

PÉRIGUEUX. — II.

Table chronologique des archives de la maison de ville de Périgueux, Ier recueil (1208-1640) (f° 1). — Table chronologique des archives de la maison de ville de Périgueux; IIe recueil : Extraits du livre du comptable, du Petit Livre Noir, du Livre Rouge et d'un grand nombre de titres (1217-1686) f° 21). — Consuls et maires de Périgueux depuis 1704 jusqu'en 1710 (f° 36). — [Note (en latin) sur les privilèges du Puy-Saint-Front] (f° 67). — Aveu et dénombrement par le maire et les consuls de Périgueux, seigneurs comtes de la ville, cité et banlieue de Périgueux, pour la réception des hommages dus au roi (1679) (f° 70). — Extraits du Livre Noir, par Leydet (1463-1594) (f° 91). — [Note sur les Périgourdins célèbres], par Leydet (f° 122). — Inventaire des titres de l'hôtel-de-ville de Périgueux (original, 1598 (f° 127). — Extrait de l'exemplaire du *Mémoire de la ville de Périgueux,* qui est dans la bibliothèque du collège (f° 167). — Correspondance de M. de Sudrat, député de la ville de Périgueux, avec l'abbé Bertin, conseiller d'Etat, et les maire et consuls de Périgueux (1776 (copie) (f° 168). — Extraits du Livre Jaune (1463-1614 (f° 211). — Histoire de la prise de la ville de Périgueux par les Huguenots en l'an 1575 (copie manuscrite (f° 310). — Extraits du Livre Vert (1618-1688 (f° 351). — Exraits du Livre Rouge (1686-1749) (f° 355). — Extraits du Petit Livre Noir (1360-1489) (f° 376).

TOME 51.

Châtellenies et Châteaux.

I

Liste des châtellenies du Périgord (1) (f° 1).
AGONAC (f° 2).
Documents divers (f° 3).
ARCHE (L'), Terrasson et Nadaillac (f° 9).
Archives de L'Arche, Terrasson et Nadaillac, tiré de l'inventaire de ces trois châtellenies (1252-1515) (f° 10).
AUBEROCHE (f° 12).
Extraits des archives de Pau (1346-1350 (f° 13). — Extraits du Trésor des Chartes (1352) (f° 16). — Décision prise par la noblesse du Bas-Limousin pour faire une levée de gens de guerre pour faire lever le siège que les Anglais avaient mis devant le château d'Auberoche (1419) (f° 17). — Documents divers (1430-1594) (f° 23). — Mémoire sur la châtellenie d'Auberoche (f° 26). — *Pièces justificatives du droit de suzeraineté sur la châtellenie d'Auberoche, dont le sieur évêque de Périgueux jouit depuis plus de sept cens ans.* [Paris], impr. veuve Knapen, 1732; in-f° de 23 p. (f° 28). — *Extrait des registres du Conseil d'Etat* [arrêt entre Guillaume Le Boux, évêque de Périgueux, et Charles d'Hautefort, seigneur de Marquessat, Ans et en partie Ajat, au sujet de la possession de la baronnie d'Auberoche] (1674). Impr.; in-f° de 9 p. (f° 40). — Notes diverses (f° 45 v°).

---

(1) Cette liste comprend soixante châtellenies. Plusieurs de ces châtellenies n'ont pas de dossier spécial dans le recueil qui forme les tomes 51 et 52, et en sens inverse plusieurs seigneuries qui ne figurent pas sur la liste des châtellenies, ont néanmoins un dossier dans le recueil.

AUBETERRE (f° 46).
Documents divers (1004-1376) (f° 46-1).
BADEFOL-D'ANS (f° 70).
Documents divers (1272-1473) (f° 71).
BEAUREGARD (1) (f° 74).
Coutumes (1286) (f° 74). — Seigneurs de Beauregard (f° 86). — Mémoire pour le marquis de Souillac, le marquis de Taillefer, et messire Jean Duffau de Lamothe, écuyer, seigneur de Lamothe, d'Armagnac et de Beauregard, contre un arrêt du Conseil d'Etat du 18 septembre 1765 qui ordonne la revente et adjudication de la terre de Beauregard (f° 88). — Mémoires sur Beauregard et liste des seigneurs (f° 96). — Extraits des archives de Périgueux (f° 102). — Généalogie de la maison d'Aubusson (f° 103).
BEAUSÉJOUR (f° 106).
Extraits des archives de Beauséjour (f° 107).
BÉNÉVENT (Bastide de) (f° 128).
Coutumes de Bénévent (1270) (f° 129).
BIGAROQUE (f° 139).
Documents divers (1279) (f° 140).
BIRON (f° 141).
Table chronologique d'un recueil contenant des extraits des archives du château de Biron, plusieurs mémoires sur la ville de Domme et des mémoires de M. d'Artensec, avocat (f° 142). — Hôpital de Biron (f° 149).
BOURDEILLE (f° 150).
Documents divers (1343) (f° 151).
CLERMONT-DE-BEAUREGARD (f° 152).
Documents divers (1220-1305) (f° 153). — Extraits généalogiques de quelques damoiseaux de Clermont (f° 155).
CASTELNAU (f° 160).
Documents divers (1332) (f° 161).

---

(1) Aujourd'hui Beauregard-et-Bassac, arrondissement de Bergerac.

CHALUS (PUY-DE-) (f° 162).
Documents divers (1386) (f° 163).

CELLE (f° 164).
Extraits des archives du château de Celle (f° 165). — Titres de la maison de Fars (f° 172).

FEYRAT (f° 190).
Extraits des archives de Feyrat (f° 191).

FRATEAUX (f° 193).
Généalogie de la maison d'Itier de Grignols (f° 194). — Seigneurs de Frateaux (f° 195). — Documents divers (1343-1396) (f° 197).

FRONSAC (f° 200).
Notes sur les anciens comtes d'Angoulême du surnom de Taillefer (f° 201). — Documents divers (f° 203).—Seigneurs de Fronsac (f° 215).—Extraits divers (f° 216).

GURSON (f° 222).
Documents divers (f° 1105-1333) (f° 223).

HAUTEFORT (f° 234).
Documents divers (1183) (f° 235).

JAURE (f° 236).
Note généalogique sur les Grimoard, seigneurs de Jaure (f° 237). — Extraits des archives de Jaure (1274-1616) (f° 239). — Notes diverses (f° 248).

TOME 52.

Châtellenies et Châteaux.

II

LAFARGE.
Extrait des archives du château de Lafarge (f° 1).

LAFORCE.
Table chronologique des archives du château de La Force (1121-1670) (f° 35). — Anciens seigneurs de La Force (f° 46). — Listes des seigneurs de La Force (f° 51).—Documents divers (1292-1591 et 1323-1355) (f° 54).

LIMEUIL (f° 70).
Table chronologique des archives du château de Sainte-Alvère (1264-1732) (f° 71).

MASMILLAGUET (f° 74).
>Documents divers (f° 75).

MAURIAC (f° 81).
>Anciens seigneurs de Mauriac (f° 82). — Documents divers (1300) (f° 84).

MOULEYDIER (f° 85).
>Note sur la châtellenie de Mouleydier (f° 86).

MONTAGRIER (f° 87).
>Documents divers (f° 88).

MONTBAZILLAC (f° 100).
>Documents divers (1662) (f° 101).

MONTCLAR (f° 102).
>Notes généalogiques sur la maison de Bergerac (f° 103). Extraits et documents divers sur Montclar et Mouleydier (f° 104). — Seigneurs de Montclar (f° 134). — Extrait des hommages de La Linde, Puynormand, Grignols, Estissac et autres, rendus à Archambaud de Taleyrand, comte de Périgord (f° 135).

MONTFORT et AILHAC (f° 136).
>Documents divers (1741-1748) (f° 137).

MONTIGNAC (f° 139).
>Documents et extraits divers (f° 140).

MONTPEYROUX (f° 175).
>Ce dossier ne contient aucune pièce.

MONTSEC (ou Monsec).
>Note sur la terre et les seigneurs de Montsec (f° 176).

RIBÉRAC (f° 177).
>Documents divers (1100-1550) (f° 178). — Note relative à Odet d'Aydie, seigneur de L'Arche [et de Ribérac], au sujet de la terre de L'Arche (f° 192). — Fondation des chapellenies de Ribérac en 1499 (copie ancienne) (f° 193).

ROQUEFORT (f° 199).
>Documents divers (f° 200).

ROQUE-MEYRAL (LA) (f° 202).
>Documents divers (f° 203).

ROQUÉPINE (f° 210).
>Note sur Roquépine (f° 211).

Rivières du Périgord (1).
Documents relatifs à la Vézère (f° 213) ; — à l'Isle (f°s 214 et 216); — au Drot (f° 215).

SAINTE-AULAYE (Bastide de) (f° 217).
Documents divers (1288) (f° 218).

SAINT-LOUIS (Bastide de) (f° 220).
Documents divers (1313-1789) (f° 221). — Lettre du sieur Meynie, curé de Saint-Louis, à l'abbé Lespine (1808) (f° 224).

SALAGNAC et CARLUX (f° 226).
Inventaire des titres de la baronnie de Salaignac (1281-1720) (f° 227). — Paroisses de la châtellenie de Salaignac et Carlux (f° 228). — Inventaire des titres de la baronnie de Salaignac, concernant Carlux (1251-1667) (f° 229). — Paroisses de la juridiction de Carlux (f° 230).

SARLAT (f° 231).
Note sur les premiers évêques de Sarlat (f° 232). — Extraits des archives de l'hôtel-de-ville de Sarlat (1245-1593) (f° 233). — Siège de Sarlat, fait par Marchin, commandant les troupes du prince de Condé (1652) (f° 248). — Extrait généalogique de la maison de Carbonnières (f° 253) — Documents divers (1289) (f° 254). — Etat des paroisses, des feux et des gentilshommes de l'Élection de Sarlat (note de Leydet) (f° 256). — Documents divers (1305) (f° 259 bis). — Note relative aux coutumes de Sarlat (f° 259 ter). — Extrait d'un mémoire des bourgeois de Sarlat au sujet des francs-fiefs (f° 260 bis). — Extraits des archives de l'hôtel-de-ville de Sarlat (1238-1652) (f° 260 ter).

SIORAC (f° 274).
Documents divers (1340) (f° 275).

SORT ou SORN (le port de) (f° 276).
Documents divers (1292-1363) (f° 277).

TOUR--BLANCHE (LA) (f° 279).
Documents divers (1766) (f° 280).

---

(1) Ce dossier a été intercalé à tort dans la série des châtellenies.

TURENNE (Vicomté de) (f° 281).

« Privilèges; franchises, libertés et immunités du vicomté de Turenne » (copie authentique ancienne) (f° 282)

VERN (f° 302).

Privilèges de Vern (1285-1299) (f° 303).

VILLERÉAL (f° 310).

Fondation de la ville et bastide de Villeréal (1267) (f° 311).

TOME 53 (1).

Comtes de Périgord.

I

[Généralités sur les comtes de Périgord] (f° 1).

GUILLAUME Ier (f° 88).

BOSON Ier (f° 89).

HÉLIE II (f° 112).

HÉLIE III (f° 127).

ALDEBERT II (f° 138).

ALDEBERT III (f° 168).

HÉLIE RUDEL (f° 175).

BOSON DE GRIGNOLS (f° 194).

HÉLIE V (f° 235).

HÉLIE VI (f° 252).

ARCHAMBAUD Ier (f° 257).

ARCHAMBAUD II (f° 264).

ARCHAMBAUD III (f° 286).

---

(1) Le classement des pièces contenues dans ce volume est très défectueux. Les dossiers individuels des divers comtes renferment souvent des actes concernant leurs prédécesseurs ou leurs successeurs, ou même des extraits se rapportant à l'histoire générale des comtes, et qui ont été à tort divisés en plusieurs fragments. Nous nous sommes borné, par ce motif, à donner l'intitulé des divers dossiers; on devra tenir compte, si l'on a à les consulter, de l'observation qui précède. Il est superflu d'ajouter que les recueils relatifs aux comtes de Périgord contiennent un grand nombre de pièces d'une haute importance pour l'histoire de la province.

TOME 54.

Comtes de Périgord.

II

HÉLIE VII (f° 1).
HÉLIE VIII (f° 30 bis).
ARCHAMBAUD IV (f° 163).
ROGER BERNARD (f° 319).

TOME 55.

Comtes de Périgord.

III

ARCHAMBAUD V (f° 1).
ARCHAMBAUD VI (f° 174) (1).
Comtes de Périgord des dynasties d'Orléans, Bretagne, Albret et Navarre (f° 329).

TOME 56 (2).

Comtes de Périgord.

IV

Extraits de l'*Art de vérifier les dates* (f°ˢ 5 et 116).
Extraits du *Dictionnaire universel des sciences ecclésiastiques*, par le P. Richard (concernant les évêques de Périgueux) (f° 103).
Note sur les *Missi dominici* (f° 122).

---

(1) Classement défectueux : on trouve dès le f° 164 des pièces relatives à Archambaud VI et dès le f° 280 des pièces relatives à la dynastie d'Orléans.

(2) Registre petit in-4°, contenant, avec des extraits relatifs aux comtes de Périgord, d'autres notes de Lespine sur différents sujets.

Extraits de l'*Histoire générale des anciens vicomtes de Limoges*, par l'abbé Le Laboureur (f° 123).

Histoire de Guillaume IX, duc de Guyenne et comte de Poitou (f° 174).

Analyse et extraits de quelques titres concernant les seigneurs de Grignols (1305-1668), [avec tableaux généalogiques] (f° 192).

Armoiries de diverses familles du Périgord (f° 250).

Note sur la noblesse dans différents pays (f° 256).

Notes sur le comté de Bourdeille (f° 257).

TOME 57.

Généalogies en général.

Liste de familles du Périgord, avec l'indication des documents à consulter (f° 1).

Noblesse du Périgord en général (f° 4).

Hommages (f° 5). — Extraits d'un rouleau qui a pour titre : « Dons faits par le roi Philippe au comté de Champagne et en Languedoc » (f° 6). — Extraits d'un ancien rôle de l'an 1327 (f° 8). — Lettres patentes par lesquelles le roi permet des guerres privées en Aquitaine (1330) (f° 9). — Plaintes de la noblesse de... Périgord... au roi (1338) (f° 10). — Hommages rendus au prince de Galles par les seigneurs d'Aquitaine (f° 17). — Extraits des registres de la Chambre des comptes (f° 19). — Extraits des hommages faits à Edouard, roi d'Angleterre, l'an 1263 (f° 23). — Rôle des nobles du Haut et Bas pays de Limousin, etc. (1470) (f° 33). — Rôle de l'arrière-ban de la comté de Périgord (f° 39). — Ancien rôle de la noblesse du Périgord (f° 45). — Montre des habitants du pariage de Saint-Front de Périgueux et de la terre de Vern, reçue par Jean d'Abzac, seigneur de La Douze (vers 1480) (f° 47). — Extraits de la collection Moreau (f°s 48 et 55) ; — du fonds Dupuy (f° 54) ; — du recueil de Doat (f° 60). — Extraits d'une montre reçue à Vernon en 1474 (f° 62). — Extraits des hommages rendus au roi en l'étendue du Périgord et Limousin (f° 63). — Extraits de diverses montres (f° 69). — Ancien rôle des paroisses du Périgord, distribués en châtellenies (f° 80).— Etat des jugements rendus par M. de Pellot, commissaire exécuteur de la déclaration du roi de 1666, contre les faux nobles du Périgord (f° 85). — Ancien rôle des paroisses du Périgord (original) (f° 90). — Extraits des archives de Pau (1249-1579) (f° 104) (1). — Armoiries des nobles de l'Élection de Périgueux maintenus par M. de Pellot (f° 276). — Relevé des condamnations prononcées par M. de Pellot contre les faux nobles (f° 280).— Notes relatives aux articles généalogiques rédigés ou préparés par Lespine pour l'*Histoire généalogique des Pairs de France*..., par le chevalier de Courcelles (f° 290).

TOMES 58-63.

Généalogies (2).

TOME 58. — Aimar de Ranconnet (f° 1). — Abzac (f° 5). — Agrain (f° 39). — Aydie (3) (f° 62). — Almay (f° 98). — Aloigny (f° 100). — Angleterre (4) (f° 102). — Armagnac (f° 112). — Arnault (f° 114). — Arnault

---

(1) Ici ont été intercalés : Une note sur Puyguilhem (f° 133) ; un « Etat des titres remis à M. l'abbé de Verger, de la famille de Noaillan » (f° 134); et une série de pièces originales détachées (sentences du sénéchal de Périgueux, livres de comptes, quittances, etc.), parmi lesquelles on remarque des extraits de baptême, etc·, concernant la famille Lespine (f° 142).

(2) Généalogies, notes généalogiques, pièces originales, factums imprimés, documents et extraits divers concernant les familles du Périgord et quelques familles des provinces limitrophes.

(3) Ce dossier contient l'imprimé suivant : *Réponse à griefs pour le comte d'Aydie... contre le marquis de Chapt...* Bordeaux, impr. Labottière, 66 pages in-f° — (f° 65).

(4) Tableaux généalogiques relatifs aux rois d'Angleterre, aux empereurs d'Allemagne, à la maison de Savoie, etc.

de La Borie (f° 120 bis). — Arnaud de Cervolle (f° 122). — Aubusson (1) (f° 124).

Barbezières (f° 133). — Bardon (f° 135) (2). — Barrière (f° 139). — Beaumond (Touchebœuf) (f° 146). — Beaupoil (f° 150). — Beauregard (f° 153). Bergerac (f° 157). — Beynac (f° 160). — Blot (f° 162). — Boysseulh (f° 172). — Bonneguize (f° 174) (3). — Bonnet (f° 179). — Bourdeille (f° 182). — Bourbon (f° 249). — Bouscot (f° 252). — Bouzet (du) (f° 255). — Bretagne (f° 256).

Caduin (f° 263). — Camhpniac (f° 265). — Castelnouvel (f° 267). — Castillon (f° 269). — Caumont (f° 293). — Caussade (f° 296). — Cézerac (f° 298). — Chabans (4) (f° 300). — Chabrignac (f° 311). — Champagnac (f° 313). — Châteaubriand (f° 322). — Châtillon (f° 324). — Chillaud (f° 329). — Comborn (f° 336). — Cosnac (f° 338). — Cugnac (f° 341).

TOME 59. — Duchêne (5) (f° 1). — Duclusel (6) (f° 55). — Dufau (f° 97). — Du Mas (f° 103). — Duras (f° 116).

Esparbès (f° 121). — Estissac (f° 122).

Fabernet (f° 124). — Fayolles (f° 126). — Fauxbournet (f° 129). — Fer-

---

(1) Ce dossier contient : *Factum pour dame Catherine d'Aubusson, veuve de messire Philibert Duchêne, seigneur comte de Montréal..., contre dom Pierre Andriette..., prieur du prieuré Saint-Jacques de Lavergne...*, S. l. n. d. 16 pages in-f° (f° 125).

(2) Au f° 136 v° est intercalée une note concernant la maison de La Cropte.

(3) Au f° 177 est intercalée une note concernant la maison de Cardaillac.

(4) Ce dossier contient un Mémoire pour Mme Chabans Richemont de Bellussière contre M. de Paysac [Paris], impr. Doublet ; 15 p. in-4° (f° 303).

(5) Ce dossier contient les imprimés ci-après :
Instruction pour dame Catherine d'Aubusson, veuve de messire Philibert Duchêne, vivant conseiller du roi et lieutenant-général du sénéchal de Périgueux... contre dom Pierre Andriette, religieux bénédictin, prieur de Saint-Jacques de Lavergne... S. l. n. d. ; 54 p. in-f° (f° 2).
Mémoire responsif pour le sieur Michel Murat, prêtre, vicaire perpétuel de la paroisse de Neufvic et de Valcureuil... contre le sieur Jean-Joseph Souc de Plancher, aussi prêtre, abbé de l'église collégiale de Saint-Astier, décimateur général de la paroisse de Neufvic et Valcureuil... S. l. n. d.; 16 p. in-f° (f° 29).
Mémoire instructif... pour dame Marie d'Authefort, veuve de messire Jean-François Duchêne, chevalier, seigneur comte de Montréal, lieutenant-général et juge-mage .., contre messire Jean-François Duchêne, chevalier, seigneur marquis de de Montaut... Imp. Lecourt, 30 p. in-f° (f° 37).

(6) Ce dossier contient une *Consultation pour Mme Duclusel, contre les citoyens Faurès, négociants à Bordeaux.* [Paris], impr. Goujon ; 77 p. in-4° (f° 56).

beaux (f° 131). — Forbin-Janson (1) (f° 133). — Foucaud (f° 182). — Frateaux (f° 185). — Fumel (f° 188).

Gavis (f° 190).— Gaulejac (f° 195). — Gontaut (f° 204). — Grandville (2) (f° 217). — Grely (ou Grailly) (f° 220). — Grignol (f° 224). — Grimoard (f° 230).

Hautefort (f° 253). — Hélie de Colonges (f° 287).

Jumilhac (f° 290).

TOME 60. — Labat (f° 1). — La Baume (f° 6). — La Brande (f° 10). — La Cropte (f° 12). — La Douze (3) (f° 149). — Lagut (f° 278). — Lafaye (f° 282). — Lamartonie (f° 284). — La Rigaudie (f° 287). — La Porte (f° 290). — La Roche-Aymon (f° 292). — La Rochefoucauld (f° 300). — La Roque (f° 302). — La Roque de Mons (f° 309).— La Tour-Blanche (f° 311). — La Trémouille (f° 314). — La Valette (f° 318). — Lavergne (f° 321). — Lencais (ou Lenquais) (f° 331).— Le Pont de Corsenchou (f° 342).— Leron (ou Laron) (f° 350).

TOME 61. — Lespine.

TOME 62. — Lajarthe (f° 1). — Lestrade de La Cousse (f° 17). — Lostanges (f° 121). — Lur (f° 130). — Lubersac (f° 133). — Magnac (f° 331). — Mareuil (f° 333). — Marquessac (f° 335). — Maselière (f° 337). — Mellet (f° 341). — Mèredieu (f° 364). — Milon (f° 366). — Mirandol (f° 370). — Montmorency (f° 377). — Montozon (f° 380). — Mouleydier f° 383).

---

(1) Ce dossier contient un *Mémoire pour M. Palamède de Forbin-Janson, contre M. Tourteau de Septeuil*. Paris, imp. Le Normant, 1812 ; 25 p. in-4° (f° 134).

(2) Ce dossier contient un *Précis pour le sieur marquis de Grandville... contre Marie-Elisabeth Guichon, veuve du sieur Jacques Laurencie*. Paris, impr. Simon et Nyon, 1786 ; 22 p. in-4° (f° 218).

(3) Ce dossier contient :

Consultation pour MM. de Ladouze [contre la famille de Lastours]. Périgueux, Dupont, 1819 ; 26 p. in-4° (f° 232).

Réflexions sur la réponse du sieur de Ladouze au Mémoire instructif des sieur et dame de Roussille. S. l. n. d. ; 1 p. in-f° (f° 249).

Mémoire sur le partage fait en Grand-Chambre... pour messire Henri de Taillefer, chevalier, comte de Roussille..., contre messire Jean Dabsac, seigneur de Montanceys, et autre messire Jean Dabsac, marquis de Ladouze, père et fils. S. l. n. d. ; 11 p. in-f° (f° 250).

A Nosseigneurs du Parlement, 11 p. in-f° (f° 258).

Généalogie de François d'Abzac, fils d'Henry d'Abzac, marquis de Mayac. Tableau imprimé, avec blasons (f° 277).

TOME 63. — Pasquet (f° 1). — Pierrebuffière (f° 4). — Pierretaillade (f° 6). — Plantagenet (f° 8). — Portzmoguer (f° 11). — Pons (f° 13). — Prévôt (f° 18). — Puy (du) (f° 21).

Ranconnet (f° 26). — Rastignac (f° 28). — Ribeyreys (f° 33). — Rochefort (f° 38).

Salis (f° 43). — Saint-Allais (1) (f°s 45 et 47). — Saint-Astier (f°s 46 et 49). — Saint-Géry (f° 55). — Saunier (f° 61). — Scoraille (f° 64). — Ségur (f° 67).

Taillefer (f° 71). — Talleyrand (f° 225). — Thenon (f° 236). — Touchebœuf (f° 238). — Turenne (f° 247).

Vassal (f° 255). — Vassinhac (f° 266). — Verteillac (f° 288). — Vienne (f° 291). — Vigier (f° 293). — Vignerod (f° 295). — Villoutreys (f° 298).

TOME 64. (2)

Généalogies (3).

I

Notices et documents généalogiques.

Arnault (f° 1). — Barrière (f° 73). — Massole (f° 80). — Ebrard (f° 88). — Saint-Gelais (f° 109). — Lagut (f° 117). — Milon (f° 133). — Bernard (f° 140). — Grimoard de Frateaux (f° 144). — Grimoard de Mauriac (f° 158). — Taillefer (f°s 174 et 182).

---

(1) Lettre de M. de Saint-Allais à l'abbé Lespine ; cette lettre aurait dû être classée dans la correspondance.

(2) Registre petit in-f°.

(3) Sur les feuillets restés en blanc entre les diverses notices généalogiques, Lespine a transcrit des extraits du cartulaire de Chancelade (f°s 11, 74, 96, 218 et 225).

Une note sur les seigneurs de Mussidan se trouve intercalée au f° 95 *bis*.

TOME 65 (1).

Généalogies (2).

II

Dissertation sur les quatre barons du Périgord (f° 1).

Notices et documents généalogiques.

Abzac (f° 9). — Adémar (f° 28). — Artensec (f° 46). — Astier (Saint-) (f°s 241, 289).
Bardon (f°s 47, 266). — Beynac (f° 65). — Bertin (f° 75). — Belcier (f° 77). — Biron (f° 79). — Bonal (f° 85). — Buis (f° 92). — Bellegarde (Vassal de) (f°s 95, 236, 239, 308).
Camblazac (f° 113). — Campagne (f° 115). — Campagnac (f° 117). — Clermont (f°s 119, 312). — Clarens (f° 121). — Ciorac (f° 123). — Comarque (f° 125). — Cugnac (f° 129). — Cropte (La) (f°s 133, 189).
Fages (f° 153). — Ferrand (f° 155). — Ferrières (f° 158). — Folquier (f° 161). — Frateaux (f° 163).
Gasques (f° 168). — Gontaut (f° 177). — Grignols (f° 182).
Jouffre (f° 186).
Labarde (f° 193). — Luziers (f° 195). — Lalande (f° 197). — Larmandie (f° 198). — Lestrade (f° 201). — Limeuil (f° 205).
Marquessac (f°s 213, 219). — Mechmon (f° 217). — Malbec (f° 218). — Montlouis (f° 223).
Pons (f° 233).
Rinhac (f° 239). — Roche (f° 262). — Rouffiac (f° 265).
Sendrieux (f° 275). — Sireuil (f° 278). — Solminihac (f° 283).
Tessières (f° 295).
Vaucocour (f°s 225, 235). — Veyrines (f° 303). — Valbéon (f° 306). — Vassal (f° 308). — Vielcastel (f° 323).

---

(1) Registre petit in-f°.
(2) Sont intercalés : un extrait du cartulaire du Bugue (f° 93); — une liste des curés de Montagnac-la-Crempse (f° 316); — une liste des curés d'Ussac (f° 320).

TOME 66 (¹).

Généalogies (²).

III

Extraits des titres communiqués par M. d'Abzac de La Serre concernant sa branche (f° 21).

Généalogie de la maison de Fayolle (f° 31).

Généalogie de la maison de Bourdeille, d'après le *Moréri* (f° 77). — Extraits concernant la maison de Bourdeille (f° 85).

Mémoire généalogique sur la maison de Calvimont (f° 99).

Généalogie de la maison de Chabans et extraits concernant cette maison (f° 111).

Généalogie de la maison de La Cropte (f° 137).

Généalogie de la maison de Lambertie (f° 173).

Extrait généalogique de la maison de La Faye (f° 181).

Généalogie de la maison de Flamenc de Brusac (f° 251). — Extraits des titres de quelques maisons qui se sont fondues dans celle de Flamenc (Agonac, Fouchier des Chabannes, du Fossat, Montardit) (f° 303).

Généalogie de la maison de Foucault (f° 317).

TOME 67 (³).

Généalogies.

IV

[Recueil de notices généalogiques extraites du *Dictionnaire universel de la Noblesse*, par La Chenaye-Desbois.]

Abzac (f° 1). — La Cropte (f° 20). — Pérusse d'Escars (f° 23). — Salignac (f° 35). — Chabans (f° 50). — Lostanges (f° 53). — Cugnac (f° 59). — Lestrade de La Cousse (f° 63). — Jumilhac (f° 66 verso). — La Marthonie (f° 67). — Pons-Saint-Maurice (f° 70). — Beaupoil (f° 78).

---

(1) Registre petit in-folio.

(2) En tête du volume sont transcrits les documents suivants :

Bulle de confirmation de l'union des bénéfices au chapitre de Saint-Astier, accordée par le pape Alexandre III (1178) (f° 11);

Registrum comitis petragoricensis (« ce sont les rentes que li roys a en la sénescbauciée de Pierregort et de Quaourcin..... ») (f° 16).

(3) Registre in-4°.

TOME 68 (1).

Mémoires du Périgord.

I

Mémoire sur la constitution politique de la ville et cité de Périgueux, où l'on développe l'Origine, le Caractère et les Droits de la Seigneurie qui lui appartient, et dont tous les Citoyens et Bourgeois sont Propriétaires par indivis. Paris, Quillau, 1775 ; in-4° de 312 pages (la dernière non numérotée).

Cet exemplaire contient quelques annotations de Lespine.

Dépouillement d'un livre de recette et de dépense de l'hôtel-de-ville de Périgueux (1314-1335) (f° 13) (2) ; — du Petit Livre Noir (1360-1449) (f° 47) ; — du Livre Jaune (1458-1540) (f° 71) ; — du Livre Noir (1541-1618) (f° 91) ; — du Livre Vert (1630-1683) (f° 107).

Catalogue des maires et consuls de Périgueux depuis 1805 jusqu'à présent (1710) (f° 127). — Catalogues des maires de Périgueux tirés d'un manuscrit de Chancelade et d'un manuscrit de l'hôtel-de-ville (f° 187).

Chronologie historique des sénéchaux du Périgord (f° 221).

Catalogue de tous les notaires de Périgueux et des environs dont on a pu découvrir les noms depuis la fin du XIII° siècle jusqu'à présent (f° 257).

Lettres de Leydet et de divers autres correspondants au ministre Bertin, à l'abbé de Bertin et autres, au sujet de l'histoire du Périgord (f° 1) (3).

« Tocsin sonné contre les droits du Roy et de la noblesse dans toutes les villes du royaume, ou la véritable clef du roman des citoyens de Périgueux » (attribué par Lespine à Bertin) (f° 163).

---

(1) Ce volume et le suivant comprennent trois registres in-4° qu'il eût été plus correct d'intituler : *Mémoires imprimés concernant la ville de Périgueux et Recherches historiques sur Périgueux et le Périgord.*

(2) Au *Mémoire sur la constitution politique du Périgord* ont été annexés deux cahiers manuscrits qui ont une pagination distincte. Les douze premiers feuillets du premier cahier sont restés en blanc.

(3) Ici commence le deuxième cahier manuscrit.

TOME 69.

Mémoires du Périgord.

II

Recueil de titres et autres pièces justificatives employées dans le Mémoire sur la constitution politique de la ville de Périgueux..... Paris, Quillau, 1775 ; in-4° de 644 pages.

Quelques annotations de Lespine.

TOME 70.

Mémoires du Périgord.

III

Au Roy et à Nosseigneurs de son Conseil. Imprimé, s. l. n. d., in-4° de 174 pages.

Titres qui prouvent de plus fort que la ville, cité et banlieue de Périgueux, ainsi que nombre d'autres seigneuries de la province, n'ont jamais fait partie du comté de Périgord, ni dépendu du comte. Imprimé, s. l. n. d.; in-4° de 157 pages.

Consultation pour les citoyens de Périgueux. Paris, Quillau, 1778 ; in-4° de 48 pages.

Idée de la citoyenneté ou seigneurie de Périgueux et de la définition qui en a été proposée. Paris, Quillau, 1780 ; in-4° de 27 pages.

Nouveau recueil de titres concernant les évêques et les comtes de Périgord et en particulier la ville de Périgueux depuis le milieu du xie siècle jusque vers l'an 1250, pour servir de supplément à tous les mémoires de Périgueux imprimés jusqu'à présent (1).

---

(1) Ce recueil manuscrit, qui a une pagination distincte (folios 1 à 228), est précédé d'une note ainsi intitulée : « Généalogie de la maison de Talleyrand depuis le milieu du xie siècle jusque vers la fin du xiie, pour servir à l'intelligence des titres rapportés dans le supplément. »

TOME 71 (¹).

Recherches sur le Périgord.

II

Listes des noms des notaires de la ville de Périgueux et des détenteurs de leurs minutes (f° 5).

Extraits des livres imprimés et manuscrits du cabinet de l'ordre du Saint-Esprit sur les comtes et comté de Périgord et sur la ville de Périgueux (f° 19).

Eclaircissements sur les sénéchaux du Périgord dans les XIII° et XIV° siècles. (Extraits des titres de la Tour de Londres, par Bréquigny) (f° 30).

Extraits de la transaction entre saint Louis et Henri, roi d'Angleterre (1259) (f° 34) ; — du traité de Brétigny (1360) (f° 35).

Terres dont il est fait compte en 1256 par le sénéchal de Périgord (extrait de Brussel) (f° 37).

Extraits des titres transcrits à Londres par Bréquigny sur les comtes de Périgord (f° 39).

Dépouillement d'un ancien registre de l'hôtel-de-ville de Périgueux (1360-1449) (f° 45).

Extraits du P. Labbe *(Nova bibliotheca manuscriptorum)* contenant l'ancienne chronique des évêques de Périgueux, avec des notes de Bréquigny (f° 82).

Observation remise par dom Clément, bénédictin, sur l'époque d'un combat livré à Périgueux dans le XII° siècle entre un chevalier et un bourgeois (f° 89).

Note sur le passage : *Domus bladagii Sancti-Frontonis*, etc. (f° 90).

Extraits d'un envoi fait de Rome à Bréquigny par du Theil, relativement au Périgord, tiré des archives du Vatican (f° 93).

Extraits de quelques anciens titres sur Bourdeille (f° 99).

Extraits du cartulaire de Philippe-Auguste (f° 100) ; — du même cartulaire contenant la cote des chapitres des chartes de commune des villes, châteaux, etc., de la France (f° 103). — Notes sur le même cartulaire, relatives au Périgord (f°s 112, 114).

Note sur la place de la Clôtre à Périgueux (f° 116).

---

(1) Les tomes 71 à 76 sont des registres in-4° dans lesquels Lespine a transcrit des extraits ou copies de pièces constituant des matériaux préparatoires pour ses divers recueils sur le Périgord.

Notice concernant l'histoire de la province de Périgord (f°s 118, 127).

Dépouillement du Livre Jaune de l'hôtel-de-ville de Périgueux (1458-1540) (f° 131); — du Livre coté *Nostris* (1541-1683) (f° 165).

Mémoire sur les aliénations et engagements du domaine du roi dans le comté de Périgord (f° 223),

E'at des paroisses qui composent l'Élection de Périgueux avec les noms des seigneurs de chacune de ces paroisses (f° 261).

Mémoires détachés sur l'histoire du Périgord.

Éclaircissements sur l'ordonnance de Louis VI (1137) concernant les investitures (f° 290); — sur les privilèges de la ville de Reims (f° 293).

Extrait d'une lettre de Moreau, historiographe de France, contenant des observations sur un passage d'Accurse, pour prouver que les deux chapitres de Périgueux étaient séculiers (f° 294).

Copie d'une lettre de M. de Sigrais, auteur de *Recherches militaires sur les Gaulois*,... contenant quelques remarques sur les anciens auteurs qui ont parlé de la tour de Vésuna (f° 295). — Copie d'une lettre de M. de Séguier, professeur de l'Académie royale de Nîmes, au sujet des antiquités de Périgueux et de quelques inscriptions nouvellement découvertes en cette ville à la porte romaine, près la tour Vésune (f° 298). — Inscriptions qui se trouvent sur des pierres placées dans la cour du Grand Séminaire de Périgueux, découvertes en 1783 (f° 304).

Copie d'une lettre de Bréquigny relative à son travail à la Tour de Londres et aux soins qu'il s'est inutilement donnés pour découvrir les manuscrits de l'abbé Le Bœuf sur les antiquités de Périgueux (f° 305).

Copie de deux lettres de l'abbé Desbiey, chanoine de Bordeaux et bibliothécaire de l'Académie de cette ville, au sujet des mémoires de M. Jourdain de la Fayardie, de Montpont, sur les antiquités de Périgueux, la tour du Puy-de-Châlus, les tours de Vernode, etc. (f°s 307, 309).

Extraits de la *Bibliothèque universelle de l'histoire de France* par Fontette, sur les ouvrages imprimés ou manuscrits qui traitent du Périgord (f°s 313, 327).

Anciens manuscrits essentiels à retrouver (f° 321).

Note de ce qui est contenu dans le *Recueil des ordonnances* de Secousse, relativement à l'histoire du Périgord (f° 332).

Note tirée de Court de Gébelin sur l'aigle dans les armoiries (f° 333).

Copie de deux passages de Grégoire de Tours concernant le Périgord (f° 334).

Extraits des manuscrits de Du Puy sur les antiquités du Périgord (f° 337); — sur la division du Périgord, l'administration de la justice, etc. (f° 341).

Extraits du *Gallia christiana* (f° 357).

TOME 72.

Recherches sur le Périgord.

II

[Extraits des registres du Parlement de Paris.]

Extraits des registres *Olim*, concernant les provinces de Périgord, Quercy, Limousin, et leurs sénéchaux (1260-1287) (f° 5). — Enquêtes et procès jugés au Parlement (1301, 1308) (f°s 20, 21). — Extrait des *Olim* ou jugement du procès entre Lambert Porte et les consuls de Périgueux (1309) (f° 22). — Enquêtes et procès jugés au Parlement au sujet de violences commises à Périgueux contre Hélie Gelat et ses consorts (1312) (f° 36). — Extrait des *Judicata* concernant une demande faite par des clercs de la Cité à fin de n'être pas compris dans le rôle de la taille (f° 40) — Extrait des *Olim* concernant la ville de Rocamadour en Quercy (f° 46). — Autres extraits des *Olim* et des *Judicata* concernant la cour de Périgueux (f° 51). — Extrait des *Judicata* concernant une plainte portée par le procureur et juge de St-Front (1323) (f° 53). — Extrait des *Olim* concernant différentes plaintes faites par le chapitre et le chantre de Saint-Front (f° 61). — Extraits concernant une plainte portée par Hélie Faure, bourgeois de Périgueux, chargé de la recette des finances, à l'occasion de violences exercées contre lui (1325) (f° 67).—Extraits des *Olim* sur la province de Périgord et particulièrement la ville de Périgueux (f° 70). — Extraits de l'inventaire des pièces désignées dans le troisième registre *Olim* relatives, pour la plupart, à la ville et au chapitre de Périgueux (f° 73). — Extraits d'un registre du Parlement de Paris fait au temps des guerres du roi d'Angleterre, contenant quelques pièces pour la ville de Périgueux (f° 79). — Arrêt de 1298 interprétant celui de 1290 en faveur du chapitre Saint-Front de Périgueux (f° 81).

Extraits d'un manuscrit de la Bibliothèque nationale intitulé *Registre original de la Chambre des comptes depuis 1229*.

Extraits concernant l'année 1325 (f° 83). — Autres extraits (f° 86). — Ordonnance portant plusieurs privilèges pour le comté de Périgord (1319) (f° 93). — Mandement aux intendants des finances pour les francs-fiefs en Périgord (1309) (f° 97). — Ordonnance adressée au sénéchal de Périgord (f° 97). — Etablissement de capitaines dans toutes les villes (1316) (f° 98). — Arrêt de la Cour touchant le comté de Périgord (1490) (f° 100).

Extraits des manuscrits de la Bibliothèque nationale concernant le Périgord (f° 108).

Extraits des registres *Olim* et *Judicata* du Parlement de Paris (f°ˢ 110, 129) ; — du registre criminel (1312) (f° 116) ; — du registre intitulé *Registrum curiæ Franciæ* (f° 119) ; — du *Stilus parlamenti* (1330) (f° 149) ; — collation d'un passage des *Olim* (f° 152). — [Extraits des *Ordonnances des rois de France*, par Secousse (1282) (f° 122.)

Copie d'une lettre de Bréquigny à Bertin (f° 151).

Extraits du Trésor des chartes.

Serment de fidélité de la ville de Périgueux à Philippe-Auguste (1204) (f° 156). — Lettres reversales du roi (1204) (f° 156). — Serment de fidélité de la ville de Sarlat (1223) (f° 157) ; — de la ville de La Rochelle (1224) (f° 160). — Titres du pariage ou association du chapitre de St-Front avec saint Louis (1245) (f° 162). — Lettre des consuls du Puy-Saint-Front et de la Cité de Périgueux au roi saint Louis, au sujet du commun de paix (1243) (f° 164). — Sentence arbitrale prononcée par l'évêque de Périgueux sur les différends entre le comte et le chapitre et les consuls et habitants de Périgueux (1243) (f° 166). — Lettres de saint Louis au sujet du pariage du chapitre de Saint-Front (1246) (f° 173). — Compromis entre le chapitre de Saint-Front et le comte de Périgord (1245) (f° 174). — Sentence arbitrale sur les différends entre le comte et le chapitre (1245) (f° 177). — Vidimus fait en 1287 du pariage de Saint-Front (f° 188). — Procès-verbal du sénéchal Pons de Ville, au sujet des insultes qu'on lui avait faites à Périgueux (1246) (f° 189). — Compromis pour régler les différends entre le comte de Périgord, les doyen et chapitre, et les chevaliers et citoyens de Périgueux (1247) (f° 192). — Jugement de saint Louis par lequel le comte est condamné au voyage d'outre-mer (1247) (f° 199). — Jugement des commissaires de saint Louis sur le procès entre le comte, le chapitre de Saint-Etienne et les maire et consuls de Puy-St-Front (1247) (f° 202). — Ordre du roi au sénéchal de Périgord pour chasser les juifs de Périgueux (1301) (f° 214). — Privilèges accordés par le comte de Périgord à la maison de Périgueux (1226) (f° 215). — Différentes confirmations de ce privilège (f° 223). — Traité d'union entre la Cité et le Puy-St-Front (1240) (f° 241). — Transaction entre le comte de Périgord et la communauté de la ville du Puy-Saint-Front et de la Cité (1286) (f° 250). — Copie d'une lettre de Bréquigny à Bertin (1773) au sujet des renvois sur les queues de parchemin où est l'acte précédent (f° 271). — Arrêt du Parlement de Paris en faveur du chapitre de Périgueux (1290) (f° 275). — Titre du pariage de Saint-Front avec le comte de Périgord (1317) (f° 283). — Exécution de l'arrêt (f° 310). — Traité entre le roi et le comte de Périgord touchant le pariage de Saint-Front (f° 315). — Confirmation du pariage (1318) (f° 319). — Plaintes portées au roi saint Louis par les bourgeois du Puy-St-Front au sujet du comte Hélie (vers 1245) (f° 325.)

Procès-verbal de Pons de Ville, titre essentiel pour prouver la jonction de la branche de Talleyrand-Grignols avec la maison des comtes de Périgord (1246) (f° 333).

Lettre de Chérin, généalogiste des ordres du roi, à Bertin (1772) (f° 353).

Extrait du cabinet des ordres du roi, table générale, au mot *Périgueux* ; liste des maires (f° 354).

[Documents anciens relatifs au Périgord] :

Serment de fidélité à Louis VIII par les bourgeois du Puy Saint-Front (1223) (f° 358). — Vidimus d'un autre serment fait au roi saint Louis (1226) (f° 359).

Observations de Claude Ménard sur l'histoire de saint Louis relativement au traité de 1259 (f° 360).

Extraits du recueil de Duchesne (f° 362).

TOME 73.

Recherches sur le Périgord.

III

Extraits des archives du Vatican (f°s 5, 38).

Charte par laquelle le chapitre de Saint-Étienne confirme la fondation du prieuré de la Faye en la paroisse de Laiguillac-de-Lauche (1219) (f° 12).

Extraits du livre *de Censibus*, dont l'auteur est le cardinal Censius, depuis pape sous le nom d'Honorius III, vers 1214 ou 1215, contenant la somme à laquelle étaient taxés l'évêque, le chapitre et les abbayes du Périgord (f° 39).

Charte de Hélie de Talleyrand, comte de Périgord, portant établissement d'un pont sur l'Ille (en idiôme périgourdin (f° 40). — Traduction (f° 47).

Lettre de l'abbé de Chancelade à Bertin, au sujet de cette charte (f° 54).

Hommage rendu par Hélie, comte de Périgord, à Philippe-Auguste (f° 57).

Serment de fidélité fait à saint Louis, par l'abbé de Sarlat (1238) (f° 56).

Lettres de Pierre de Saint-Astier, évêque de Périgueux, relativement aux conventions faites entre lui et Aimeric de Castelnau (1240) (f° 58).

Charte en faveur des consuls et habitants de Sarlat (1370) (f° 60). — Lettres de rémission accordées par Charles V aux consuls et habitants de Sarlat (1370) (f° 62). — Confirmation des privilèges accordés aux consuls et habitants de Sarlat (1370) (f° 65). — Accord entre le roi et l'abbé et le monastère de Sarlat (1299) (f° 92).

Dépouillement du troisième registre *Olim* (1299-1318) (f° 136).

Commission donnée par le roi d'Angleterre à ses sénéchaux de Quercy et de Périgord pour rendre l'Ille navigable (1305) (f° 147).

Nomination d'Elie de Caupène à la charge de sénéchal de Périgord, Quercy et Limousin (1289) (f° 148).

Liste des plus anciens maires de Périgueux (1204-1240) (f° 149).

Extraits des archives du Vatican (1202-1235) (f° 151).

Confirmation du traité entre les commissaires du roi en la sénéchaussée de Périgord et le chapitre de Saint-Front (1313) (f° 171).

Note sur le serment de fidélité fait au roi par la Cité de Périgueux (1204) (f° 180).

Extraits d'un recueil de pièces tirées des archives de Pau pour servir à l'hôtel des Monnaies et observations sur celles du Périgord (f° 182).

Mémoires et notes pour servir à l'histoire du Périgord (f° 187).

Extraits des manuscrits de l'abbé Decamp (f° 191).

Extraits des ordonnances des rois de France et de divers ouvrages (f° 196).

Compromis pour terminer les différends entre l'évêque et le chapitre de Périgueux et Edouard d'Angleterre (1280), avec l'extrait du cartulaire de l'évêché contenant la liste des terres et châteaux dépendant de l'évêché (f° 206).

Sentence arbitrale par Pierre de Saint-Astier sur les différends entre l'abbé et le chapitre du Dorat et le vicomte de Limoges au sujet de la paroisse de Milhac (1257) (f° 223).

Dépouillement du journal des recettes et dépenses de l'hôtel-de-ville de Périgueux (1314-1335) (f° 230).

Dépouillement des deuxième et quatrième registres *Olim* (f°s 310, 319).

Note sur l'histoire manuscrite du Périgord par Chevalier de Cablanc (f° 321).

TOME 74.

Recherches sur le Périgord.

IV

Suite des extraits des registres du Parlement de Paris (f° 5).

Liste des maires de Périgueux d'après les manuscrits de l'hôtel de ville de Périgueux et de l'abbaye de Chancelade (f° 53).

Extraits des recherches sur la noblesse du Périgord faites par M. Pellot, intendant de Guienne, en 1666, 1667, 1668, etc. (f° 116).

Extrait d'un manuscrit écrit dans le dernier siècle et intitulé : « Lambeaux généalogiques de quelques maisons illustres du royaume » (f° 200).

Maisons illustres du Périgord (f° 214).

Copie de deux lettres de M. de Bréquigny à M. de B... [Bertin] au sujet de son travail au Trésor des chartes (1773) (f° 229).

Notes de M. de Bréquigny (f° 288).

Copie d'une lettre de Prunis à Bertin (1776) (f° 292) ; — d'une lettre de Leydet au même (1772) (f° 298).

Recueil de pièces tirées des archives de Pau pour servir à l'histoire générale de France (f° 306).

Extraits du *Rozier des guerres* (f° 351).

Notes de Bréquigny (f° 355) ; — lettres de Bréquigny à Bertin (f° 356).

Note sur les Périgourdins au XIe siècle (extraits de Besly, mss., *Gesta comitum Andegavensium*) (f° 363).

Note sur un hérétique du Périgord du temps du roi Robert (f° 363).

Lettres de Bréquigny (f° 364).

TOME 75.

Recherches sur le Périgord.

V

Fragments sur les Etats du Périgord dans les XVe et XVIe siècles (f° 5).

Pièces relatives à l'histoire de la réduction de Périgueux à l'obéissance du roi Louis XIV en 1653 (f° 32).

Extraits du registre de Philippe Auguste (f° 61).

Copie de diverses pièces du Trésor des chartes (f° 77).

Extraits des registres du Parlement de Paris (f° 99).

« Antiquités de Périgueux recueillies en 1763, augmentées de quelques autres, à un séjour que j'y fis en 1772 » par M. de Beaumesnil (f° 101).

Note sur le lieu de naissance de saint Bertin pour servir d'éclaircissement de l'étymologie de Vésune (f° 145).

Extraits généalogiques (tirés de Moréri et de La Chenaye-Desbois.)
Chapt de Rastignac (f° 149). — Scoraille (f° 169). — Lezignem (f° 192).

Liste de noms de villes ayant la finale *durum* (f° 319). — Note sur l'étymologie de la ville de Paderborn et en général des noms terminés en *born, bron, brun, one, onne* (f° 321). — Note sur l'ancienneté de la ville de Narbonne (f° 323).

Notes historiques et biographiques (f° 325).

TOME 76.

Extraits des registres de la Chambre des comptes.

TOMES 77-78.

Chartes du Périgord.

(Copies) (1)

Tome 77. — (360-1206).

Tome 78. — (1210-1568) (2)

---

(1) Cette première série des *Chartes du Périgord* comprend des transcriptions d'après les originaux des Archives nationales, de la Bibliothèque nationale, de la Tour de Londres, ou d'après les grands recueils tels que ceux de Bréquigny et de Doat, etc.

Le soin avec lequel ces copies ont été faites indique que Lespine les considérait comme ayant une importance particulière pour l'histoire du Périgord.

(2) Le titre du volume indique inexactement : 1206-1440.

TOMES 79-80.

Chartes du Périgord (¹).

Tome 79. — Abzac (f° 1). — Beaufort (f° 7). — Bourdeille (f° 10). — Cueille (f° 18). — Estissac (f° 20). — Fauquant (f° 28). — Fayolle (f° 30). — Grignaux (2) (f° 45). — Grimoard (f° 48). — Hautefort (f° 61). — Isabeau de Bavière (f° 99). — Langeac (f° 101). — Lascoux (f° 103). — Laurière (f° 111). — La Cassaigne (f° 118). — La Douze (f° 120). — La Fareile (près Vergt) (f° 123). — La Porte (f° 125). — Malayoles (f° 132). — Monriac (f° 148). — Pompadour (f° 192).

Tome 80. — Salleton (f° 1). — Saint-Gelais (f° 6). — Ségur (f° 17). — Sorbier (f° 129). — Taillefer (f° 131). — Talleyrand (f° 167). — Vaucocourt (f° 181). — Vilars [sieur du repaire des Roches, près Brantôme], (f° 191).

TOMES 81-85.

Chartes du Périgord (³).

Tome 81. — (1212-1298).
Tome 82. — (1300-1335).
Tome 83. — (1355-1399).
Tome 84. — (1400-1499).
Tome 85. — (1500-1780).

---

(1) Cette deuxième série comprend des chartes originales classées d'après l'ordre alphabétique du nom des familles ou des seigneuries auxquelles elles se rapportent, ou des personnages de qui elles émanent. La classification et les attributions laissent à désirer et devraient être l'objet d'une revision.

(2) Et non *Gaignaux*, comme le porte l'intitulé du dossier.

(3) Troisième série des *Chartes du Périgord*, comprenant des chartes originales classées par ordre chronologique et se rapportant en général à des affaires d'intérêt privé (sentences de l'officialité de Périgueux, testaments, donations, accensements, arrentements, ordonnances épiscopales relatives à des dispenses pour mariage ou à des promotions dans les ordres, pièces de procédure, etc).

TOME 86.

Pariagium monasterii Condomensis.

> Manuscrit de 22 feuillets, écrit sur parchemin en belles lettres gothiques et commençant ainsi : « Incipit pariagium īem (factum) înt dnum regem Anḡl ducem Aquitanie ex parte unâ : et dnum abbatem et conventum monasterii Condomensis ex alterâ ». (XIIIᵉ siècle).

TOME 87.

Titres et papiers divers.

I

Notes historiques ne concernant pas le Périgord (fᵒ 1).

Liste des évêques qui ont gouverné l'Eglise du Périgord (fᵒ 36 verso).

« Style du Parlement » (fᵒ 42).

Recueil de titres originaux, vidimus, copies anciennes, lettres, etc. (fᵒ 43).

> Nous citerons en particulier divers actes relatifs aux maisons ci-après : Grimoard (fᵒ 43) ; — Bourdeille (fᵒ 92, 127) ; — Montardy (fᵒ 96) ; Foucaud, seigneur de Cubzac (fᵒ 104) ; — Marquessac (fᵒ 155) ; — Vigier (fᵒ 165) ; — Cugnac (fᵒ 242).

TOME 88.

Titres et papiers divers.

II

Recueil de titres originaux, vidimus, copies anciennes, lettres, etc. (Suite).

Parmi les pièces comprises dans ce volume, nous citerons les suivantes : Registre du xve siècle, concernant la seigneurie de Brion en Vivarais (f° 1). — Registre intitulé : « Fragments de comptes et autres particuliers », indiquant les taxes payées dans diverses paroisses du Périgord (f° 53). — Compte d'Hélie de Barnabé et Hélie « Pascaldi », receveur dans la sénéchaussée de Périgord, pour la levée du fouage, indiquant les taxes payées par les paroisses des diverses châtellenies (1365) (f° 83). — Dénombrement et hommage des seigneurs de Montardit au comte de Périgord (f° 101). — Procédure pour Me Annet Duverley, chanoine de Périgueux, et pour le syndic de l'église collégiale de Saint-Étienne, contre François de La Béraudière, évêque de Périgueux (f°s 117, 126, 127 et suivants). — Procès-verbal de l'élection des maire et consuls de Périgueux en 1603, et registre original des délibérations des consuls du 16 novembre 1603, au 6 novembre 1604 (f° 155). — Contrat d'échange relatif à la terre de Neuvic et passé entre Bertrand de Salignac, Isabeau de Talleyrand, Annet de Fayolle et François de Talleyrand, prince de Chalais, seigneur de Grignols (f° 175).

TOME 89.

Titres et papiers divers.

III

Suite du même recueil.

Parmi les pièces contenues dans ce volume, nous citerons :
Inventaire des titres de la paroisse de Sénillac (f° 1). — Lettres de M. de Chilhaud (f° 8). — Sommation faite pour Gabriel Jaubert, seigneur d'Allemans, au syndic des Jacobins d'Angoulême (f° 15). — Accord entre Bertrand de La Massoulie, chevalier, de Saint-Astier, et Pierre de Ferrières, damoiseau (f° 24). — Mémoire pour Jeanne de La Barde, demoiselle de Faure (f° 34). — Procédure concernant Jeanne de Chalup, demoiselle de La Mothe, paroisse de Bruc, juridiction de Grignaux (*sic*) (f° 36). — Note sur la distribution des obits, messes, *fêtages* et processions entre les chanoines (de Périgueux ?) (f° 55). — Lettres du marquis des Bories et du marquis de Pompadour à Mlle des Bories (f°^{s} 59, 60). — Mémoire pour demoiselle Marthe d'Huard, épouse du sieur Jean Beyney, bourgeois de Périgueux, contre dame Catherine d'Huard de La Roche-Aymon (f° 80). — Testaments de Gaston Flamenc (f°^{s} 84, 86). — Cahier de reconnaissances concernant les paroisses de Saint-Mayme, Saint-Amand-de-Vergt, Salon, Veyrines etc. (f° 127).

TOME 90.

Titres et papiers divers.

IV

Suite du même recueil.

> (La plupart des pièces contenues dans ce volume se rapportent aux familles de Saint-Astier, de la Cropte, d'Aix, de Barrière, Flamenc, de Macanan de Salegourde).

TOME 91.

Titres et papiers divers.

V

Suite du même recueil.

> Parmi les pièces contenues dans ce volume, nous citerons : Reconnaissances et arpentements de la terre de la Finou, en faveur de Mlle de Laprade, et lièvre des rentes à elle dues (1700, 1706) (f°s 1, 10, 22). — Lièvre pour M. de La Vallette (f°s 39, 41). — Inventaire des titres de la paroisse de Saint-Paul-de-Serre (f° 67). — Appointement fait entre le roi et Jean de Foix, comte de Candale (f° 76).

TOME 92.

Papiers Leydet. (1)

I

Livres manuscrits ou imprimés à consulter sur l'histoire du Périgord (f° 2).

Catalogue des livres de la bibliothèque de Mgr de Macheco de Prémaux, évêque de Périgueux (f° 7).

Extraits des archives de la maison des Carmes de Bergerac (f° 9).

Relevé des registres de Mgr de Bourdeille, évêque de Soissons, et pièces diverses sur la maison de Bourdeille (f° 13).

Note sur les vestiges des Goths en Périgord (f° 52).

Lettre de Claude Aspremont à M. Pichard, chanoine théologal de l'église cathédrale de Périgueux, au sujet du « docte escrit du télescope de M. Tarde » (1630) (f° 53).

Extraits d'un mémoire de M. de Bréquigny (f° 54).

Notes diverses (f° 57).

Extraits des registres de Philippe-Auguste (f° 65); — du cartulaire de Chancelade (f° 67).

Note sur la motte de Bourzac, paroisse de Vandoire (f° 71).

Extraits divers (f° 72).

Minutes de lettres à Mgr de Bourdeille, évêque de Soissons (f° 73).

Notes diverses (f° 75).

Extraits des archives de Pau (f° 80); — des archives de l'église Saint-André de Bordeaux (f° 120).

Recherches historiques sur les finances (f° 129).

Extraits pris dans la bibliothèque du château de Biron (f° 130).

Mémoire sur la navigation de la Dordogne (f° 139).

---

(1) Ce volume et les deux suivants, qui auraient dû être placés dans le fonds Leydet, contiennent un grand nombre d'extraits de divers ouvrages et de notes sur divers sujets, qui, outre qu'elles ne pouvaient être l'objet d'un classement régulier, sont souvent d'une lecture assez difficile et quelquefois même presque indéchiffrables; Leydet y a joint quelques originaux ou copies anciennes.

Supplique du syndic de Chancelade à M. Boudin, sieur de La Roudetie, subdélégué de l'intendance (1668) (f° 144).

Mémoire en faveur du clergé sur la dîme du blé d'Espagne (1770) (f° 149).

Extraits d'un martyrologe de Périgueux, conservé dans l'abbaye de Cadouin (f° 152) ; — d'un ancien missel de Périgueux, également conservé à Cadouin (f° 155).

Extraits divers (f° 159).

Procès-verbal de la prise de Verteuil, en Médoc (1577) (f° 165).

Mémoire sur le saint Suaire de Cadouin (f° 166).

Note sur l'hôpital de Bergerac (f° 174).

Extraits des archives de Pau et extraits divers (f° 175).

Note sur les maires de Périgueux (1454 et années suivantes) (f° 213).

Note sur Raoul de Lastours, évêque de Périgueux (f° 215).

Notes diverses (f° 216).

Note sur l'histoire littéraire du Périgord (f° 226).

Oraison funèbre de .... Charlotte Nompar de Caumont de Lauzun, abbesse de l'abbaye royale de Saintes, ... par Monsieur de Laporte ...., prieur de Royan. Saintes, Delpech, 1726 ; trente pages in-4° (f° 228).

Mémoire sur la Navarre et le Béarn, par M. Le Bret (f° 243).

Dissertation sur la Marne, par Leydet (f° 248).

Extraits du *Traité du franc-alleu*, par Furgole (f° 255) ; — de l'*Usage général des fiefs*, par Brussel (f° 270).

TOME 93.

Papiers Leydet.

II

Liste de manuscrits à consulter pour l'histoire du Périgord (f° 1).

Extraits des registres de la Chambre des comptes de Paris (f° 4 verso).

Mémoire pour servir à la généalogie de M. de Bourdeille (f° 9).

Mémoire concernant les gouverneurs, lieutenants du roi et commandants de la province de Guyenne depuis Charles VII, jusqu'au temps présent (ms. de M. Baurein) (f° 14).

Liste de divers actes relatifs aux églises Sainte-Marie et Saint-Georges de Mussidan (f° 19).

Note sur la mortalité du genre humain, suivie d'un état de la population et de la mortalité pendant seize années (1751-1766), dressé sur le registre de la paroisse de Chancelade de Beauronne en 1767 (f° 20).

Extraits divers (f° 24).

Minute d'une lettre à l'évêque de Soissons (f° 27).

Vie de saint Front, par une religieuse de Saint-Benoît de Périgueux (f° 28).

Extraits des manuscrits de la bibliothèque de Berne (f° 30).

Extrait d'une gazette manuscrite (f° 31).

Epitaphe de Louis-Jacques de Chapt de Rastignac, archevêque de Tours (f° 32).

Notes diverses (f° 33).

Discours prononcé par Mgr l'archevêque de Tours, le jour des cérémonies du bâtême, de la confirmation et de la vêture de Son Altesse Mademoiselle de Vermandois. Tours, Masson, 1727; onze pages in-4°, aux armes de Mgr de Chapt de Rastignac (f° 37).

Extraits de Baluze (*Vitæ Paparum Avenionensium*) (f° 43).

Extraits des archives de Pau (f° 68).

Pouillé du diocèse de Sarlat (f° 84).

Sentence rendue contre le lépreux d'Archignac, prise des archives de M. de Bar de la Faurie, paroisse de Paulin, sénéchaussée de Sarlat (1321) (f° 86).

Pétition des magistrats de Périgueux à l'évêque, à l'occasion des changements apportés au jour de la célébration de diverses fêtes (f° 88).

      (Original signé de MM. de Simon, président au présidial, d'Alesme, lieutenant-général criminel, et de plusieurs autres magistrats ; non daté).

Extraits de l'histoire des comtes d'Armagnac (f° 90).

Note sur la fontaine de la paroisse de Bouillaud, près Saint-Orse (f° 95).

Note sur Lagrange-Chancel (f° 96).

Note sur la confédération de Sarlat (1789) (f° 97).

Extraits divers (f° 99).

Note sur les antiquités de Chambon et d'Olivoux, près Montignac (f° 101).

Projet de géographie du diocèse de Bordeaux (f° 102).

Bref du pape Alexandre III à l'évêque de Lectoure au sujet de l'abbaye de Ligueux (f° 103).

Extrait de la *Chronique normande* de Duchesne (f° 104).

Note sur diverses fontaines à Excideuil et autres notes (f°s 106-109).

Pièces relatives au sieur du Reclus, conseiller au présidial de Périgueux (1657) (f° 109 verso).

Sauvegarde du marquis de Sauvebœuf au sieur de Lalande (f° 117).

Note sur les religieuses et l'hospice de Montignac (f° 118).

Pièce relative à Pierre-Marc Formiger de Beaupuy (1782) (f° 119).

Extraits des *Mémoires du duc de La Force* et de divers autres ouvrages (f° 121).

Lettre du maréchal duc de Richelieu à M. Langlade de la Rampinsolle, commandant des volontaires de Périgueux (1762) (f° 132).

Pièces diverses (f° 134).

Ordonnance du duc de Candale, gouverneur et lieutenant-général du roi en Guyenne au sujet de la nomination des nouveaux maire et consuls de Périgueux (1651) (f° 142).

Pièces diverses (f°s 144 et suivants).

Extraits des manuscrits de M. de Tricard de Trigonant (f° 150).

Extraits divers (f° 152).

Extraits des archives du château de la Valette à M. de Lacipière (f° 155).

Catalogue des nobles de l'Élection de Périgueux (f° 156).

Notes diverses (f° 157).

Note concernant l'abbaye de Dalon (f° 158).

Extraits des archives du château de la Batut (f° 159).

Extraits divers (f°s 160 et suivants).

Numismatique (f° 195).

Notes diverses (f° 197).

Lettre sur l'apostolat de saint Front et Abrégé de la vie des saints du Périgord.

>Cinquante-six pages in-12 ; les quatre premières manquent ; une note manuscrite indique que cet opuscule a été trouvé chez un paysan, dans la paroisse de Brassac.

TOME 94.

Papiers Leydet.

III

Délibération de la ville de Villeréal, en Agenais, relative à la navigabilité du Drot (f° 1).

Lettre de l'évêque de Sarlat (Nicolas Sevin) à M. de Gaulejac (f° 6).

Note sur Étienne de Saint-Silain, évêque de Zamora, en Espagne (f° 7).

Acte d'union pour la défense de la religion catholique, déposé au greffe de l'hôtel-de-ville de Périgueux, par messire François-Joseph Chancel, chevalier, seigneur de La Grange, d'Antoniac et autres lieux (f° 9).

Testament d'Éléonore de Montaigne, femme de messire Charles de Gamache, vicomte de Raymonden (f° 11).

Notes diverses (f° 14).

Délibération relative à la rédaction des cahiers du clergé (1789) (f° 15).

> Copie incomplète ; elle ne donne que le préambule de la délibération.

Notes diverses (f° 17).

Extraits des archives du château de La Force (f° 23).

Notes diverses (f° 24).

Copie de la sauvegarde du prince de Conti accordée pour les paroisses de Chancelade et de Beauronne (1658) (f° 41).

Copie d'un billet de M. de Solminihac (f° 41).

De libertate provinciæ Burdegalensis (f° 43).

> Note manuscrite.

Notes diverses (f° 44).

Inscriptions relevées à Périgueux par Leydet (f° 50).

Documents relatifs aux guerres contre les Anglais (1369) et aux privilèges touchant l'élection des consuls de la Cité de Périgueux (f° 55).

Recueil sur le Périgord (f° 58).

Notes diverses (f° 60).

« Système ou théâtre d'agriculture pour la province de Périgord » (f° 64).

Notes diverses (f° 71).

Extraits des registres de l'hôtel-de-ville de Bergerac, relatant une assemblée tenue à propos de la convocation des États-Généraux (1788) (f° 72).

Bref du pape Clément XIII à Christophe de Beaumont, archevêque de Paris (1764) (f° 76).

Extrait des titres et pièces de la ville de Périgueux produites au procès (f° 77).

> Imprimé; in-folio; deux exemplaires, lesquels ne contiennent que les quatre premières pages.

« Dictionnaire praticien gothique » (f° 81).

Supplique de François de Bideren, écuyer, seigneur de Saint-Seurin, au duc de Choiseul, premier ministre (f° 84).

« Mémoire abrégé sur l'état actuel du comté de Périgord par rapport à l'agriculture et au commerce » (f° 85).

Notes diverses (f° 88).

Contrat de partage entre François de Clarens et ses frères (f° 158).

Notes diverses (f° 159).

Lettre de M. d'Arnault de Sarazignac à M. de Vandeuil, curé de Puy-de-Fourches, au sujet des *Antiquités du Périgord* de François Arnault de Laborie (1774) (f° 175).

Notes diverses (f° 177).

« Lettre de Jeanne d'Arc, revenue chevalière de Saint-Louis sous le nom de d'Eon, à Voltaire » (f° 187).

> Facétie relative au personnage connu sous le double nom de chevalier et de chevalière d'Eon.

Notes diverses (f° 181).

Note sur l'inventaire d'Armagnac aux archives de Pau (f° 190).

Supplique des chanoines réguliers de Chancelade, chargés de travailler à l'histoire du Périgord, à l'effet d'obtenir communication des archives de Biron (f° 191).

Notes diverses (f° 192).

Extraits du *Thesaurus anecdotorum* de dom Martène (f° 227).

Notes diverses (f° 228).

TOME 95.

Notes pour l'histoire littéraire du Périgord. [1]

Essai sur l'histoire littéraire de la province de Périgord (f° 1).

[Notices, documents et notes sur divers personnages périgourdins.]

    Aimar de Ranconnet (f° 4) [2]. — Aimoin de Fleury (f° 5). — Bertrand de Born (f° 17). — Bouchard, vicomte d'Aubeterre (f° 21). — La Calprenède (f° 23) [2]. — Henri de Taleyrand, prince de Chalais (f° 28). — Chancel de Lagrange (f° 30) [2]. — Cyrano de Bergerac (f° 31). — La maréchale de Guébriant (f° 33). — Fulcher, patriarche de Jérusalem (f° 34). — Paschal-François de La Brousse, conseiller au Parlement de Bordeaux (f° 35). — Guillaume Loyseau, médecin et chirurgien du roi (f° 36). — Michel Montagne *(sic)* (f° 39). [2] — Jean de Barri, sieur de la Renaudie (f° 42).

Extraits de l'*Histoire littéraire de la France*, de *la Religion des Gaulois* par dom Jean-Jacques Martins, du *Recueil des historiens de la France*, concernant le poète Anthédius et divers autres sujets (f° 6).

Mémoires de M. d'Artensec, avocat et procureur à Périgueux (1614-1688) f° 11).

Extraits de la *Bibliothèque du Théâtre-François*, par un anonyme. Dresde, 1768 (f° 22).

« Notice de *Capiote ou Pastourale (sic) limousine*, comédie, édition nouvelle » (f° 24.)

Extraits de l'*Histoire littéraire de la France*, concernant Paulin de Périgueux, etc. (f° 40).

---

(1) Le volume contient, outre les notes relatives à l'histoire littéraire du Périgord, plusieurs documents, extraits et notes sur d'autres sujets.

(2) Les dossiers de Ranconnet, La Calprenède, Chancel de Lagrange et Montaigne ne contiennent aucune pièce.

Extraits divers concernant Geoffroi de Pompadour, etc. (f° 43).

Extrait d'une grammaire provençale (f° 44).

Itinéraire du roi Philippe-Auguste de 1200 à 1205 (f° 47).

Extraits concernant le monastère de Saint-Cibard en Angoumois et notes diverses (f° 50).

Extrait d'un livre de reconnaissances que Hélie Dumas avait fait au sieur de Bellet, où il s'est trouvé un titre daté de la fondation du clocher de Saint-Front de Bruc (f° 54).

Notes diverses et copies de chartes (f° 56).

Duel entre Gérald de Boisseuil et Adémar de Faye, seigneur d'Hautefort (1298) (f° 95).

Notes diverses et copies de chartes (f° 97).

Arbre généalogique des monastères de l'ordre de Citeaux (f° 128).

Extraits des *Vies des saints* de Baillet (f° 130).

Notes sur le cardinal de Taleyrand et Pierre de Saint-Astier, évêque de Périgueux (f° 136).

Note sur divers ouvrages à consulter (f° 138).

« Prospectus d'un gros livre à faire par l'abbé de Lespine lorsque, après avoir suffisamment savouré la poussière des chartres *(sic)* modernes, il voudra renifler sur les antiques » (f° 140).

TOME 96.

Inventaire des titres du château de Lanmary.

> Inventaire dressé en 1597 à la requête de Léonard Aumassip, en qualité de tuteur de messire Antoine de Sainte-Aulaire, écuyer, seigneur de Coutures, Celles, Bertric, Lanmary, etc. (Cahier de 209 feuillets).

TOME 97.

Inventaires des titres et biens du château du Puy-Saint-Astier.

> Inventaire dressé en 1588 à la requête du tuteur de Charlotte de La Porte, demoiselle du Puy-Saint-Astier et en partie de Chantérac (cahier de 479 feuillets).

TOME 98.

Titres de Saint-Rabier.

Anciens papiers concernant Saint-Rabier (Flamenc, Montauriol, etc.) (1). Titres originaux ; 387 feuillets.

TOME 99.

Terrier de la seigneurie de Vaudre.

Terrier de reconnaissances de la terre et seigneurie de Vaudre et Gabilhou (1758-1763).

> Les reconnaissances sont faites au profit de Jean-Louis d'Hautefort, comte de Vaudre, marquis de Bruzac et de Bouteville, baron de Marquessac, seigneur de Saint-Jorry, Monbayol, la Razoire, Pierre-Meige, etc.

TOMES 100-104.

Correspondance. (2)

Lettres adressées à Lespine, classées d'après l'ordre alphabétique du nom des correspondants (3).

TOME 100. — Abzac (f° 1). — Achard (f° 62). — Aidie (f° 65). — Anglars (f° 70). — Antoine... (4) (f° 86). — Aspes (d') ou Daspes (f° 96). —

---

(1) Après ce premier titre, on trouve (f° 3) celui-ci, qui a été placé par erreur en tête du recueil des titres de Saint-Rabier : « 1re liasse, contenant deux titres, dont l'un prouve que Bernard de Saint-Astier était fils d'Hélie Ier, et l'autre, qu'il mourut avant 1310 et qu'il fut père d'Hélie II. »

(2) Voir également le tome 183.

(3) Pour simplifier le catalogue, nous avons indiqué les folios par famille.

(4) Le nom de famille n'est pas indiqué.

Artensec (f° 99). — Aubac ou Daubac (f° 106). — Aubonne (f° 108). — Aubusson (t° 131).

Bandel (f° 141). — Bardon (f° 144). — Barri ou Debarri (f° 150). — Béarn (f° 160). — Beaucours (f° 178). — Beaufort (f° 186). — Beauvais (f° 188). — Beauvau (f° 190). — Belrieu (f° 192). — Bernadau (f° 199). — Bessin (f° 201). — Biran (Gontier et Maine de) (f°s 207, 223). — Blauwart (f° 225). — Bleynie (f° 228). — Boisse (f° 236). — Bonal (f° 241). — Born (f° 262). — Bost (f° 265). — Boucheron (f° 269). — Bouillé (f° 272). — Bourdois (f° 275). — Bourzac (La Cropte de) (f° 281). — Boussier (f° 342). — Boylesve (f° 345). — Brézé (f° 349). — Brial (Dom) (f° 353). — Bure (de) (f° 369).

Chaudier (?) (f° 375). — Calvimont (f° 383). — C . . . . (f° 379). — Camain (f° 387). — Campagne (f° 391). — Carbonnier (f° 394). — Casenave (f° 397). — Castellane (f° 427). — Catoire (f° 431). — Caylus (f° 435). — Chabrol (f° 439). — Chalandray (f° 441). — Chamborant (f° 457). — Chamisac (f° 461). — Champollion-Figeac (f° 478). — Chantérac (La Cropte de) (f° 481). — Chasteau (f° 495). — Chaudey (f° 498). — Chautard (f° 503). — Chauviac (f° 506). — Chérin (f° 509). — Cheyzade (f° 513). — Chipon (f° 516), — Clément (Dom) (f° 520). — Cluseau-Lespine (f° 525). — Collet (f° 550). — Commercy (f° 554). — Corneille (f° 556). — Cosson (f° 558). — Courtois (f° 562). — Cuinat (f° 579). — Cugnac (f° 594).

TOME 101. — Daurade (f° 1). — Delfau (f° 5). — Desvergnes (f° 8). — Demazière (f° 20). — Desvaux (f° 24). — Desbrandes (f° 26). — Des Escotais (f° 44). — Deshommes (f° 47). — Despagnet (f° 49). — Desvigne (f° 52). — Du Bouscot (f° 56). — Dubret (f° 58). — Du Cayla (f° 62). — Du Cluzel (f° 165). — Duclaud (f° 169). — Dumaynot (f° 172). — Duperrier (f° 175). — Dupin (f° 178). — Duroure (f° 180). — Dutayer (?) (f° 198).

Eberlé (f° 202.) — Emmanuel[1] (f° 204). — Enard (f° 206). — Epourdon (f° 210). — Ermatinguer et Schalch (f° 213). — Ernst (f° 216).

Fabre (f° 219). — Faure (f° 221). — Fayolle (f° 230). — Félets (f° 238). — Félix-la-Tour (f° 247). — Ferrier (f° 252). — Flamarens (f° 255). — Fortuné (f° 257). — Foucauld (f° 260). — Fourtou (f° 269). — Fraguier (f° 275). — Fumel (f° 282).

Gay-Végo (f° 293). — Gérard (f° 300). — Ghesquière (f° 303). — Gilbert (f° 308). — Giraud (f° 310). — Grand (f° 316). — Granger (f° 319). — Grellety (f° 322). — Guibert (f° 351). — Giffaut (f° 354).

---

[1] La signature n'indique pas le nom de famille.

Hautefort (f° 359). — Hase (f° 544). — Humbert (f° 547). — Hipolite (f° 554).

Janeton (f° 556). — Janson (f° 559). — Jaubert (f° 562). — Joannet (f° 565). — Jourdan (f° 568). — Juge (f° 575). — Juigné (f° 578).

TOME 102. — Laba (f° 1). — Labat (f° 4). — La Bastille de La Rigaudie (f° 7). — La Baume de Touchebœuf (f° 11). — Labeylie (f° 14). — La Borde (f° 35). — Laborie (f° 38). — La Bourlie (f° 43). — La Calprade (f° 48). — La Chèze (f° 51). — La Cipière (f° 72). — La Colombière (f° 78). — La Coste (f° 81). — La Cropte-Beauvais (f° 112). — La Douze (f° 116). — La Faye (f° 135). — La Feuillade (f° 138). — Lafon (f° 143). — Laforie (f° 152). — Lagarde du Chazal (f° 158). — La Genèbre (f° 170). — La Grandville (f° 176). — Lagrave (f° 183). — La Hayardie (lire La Fayardie) (f° 186). — Lainé (f° 192). — La Jambertie (f° 159). — La Jarte (f° 199). — Lalande (Dumas de) (f° 204). — Landrié (f° 208). — La Mothe-Bessot (f° 210). — Langlois (f° 227). — La Grimaudie (f° 245). — La Porte (f° 247). — La Rigaudie (f° 250). — La Roche-Aymon (f° 253). — La Roque (f° 283). — La Rouverade (f° 292). — La Salle (f° 305). — Lasserve (f° 308). — Lassorte (f° 311). — Lastorde (f° 314). — Launay (f° 334). — Lansalve (?) (f° 336). — Laussinotte (f° 339). — Lavergne (f° 349). — Laviérac (lire Claviérac) (f° 351). — Le bailli d'Uzech (f° 362). — Le Blanc de Chantérac (f° 365). — Le Chevalier (f° 377). — Lespinasse-Lafon (f° 398). — Lespinasse (f° 404). — Lespine (1) (f° 406). — Lespine (famille) (2) (f° 428). — Lestrade (f° 595). — Lehry (f° 617). — Le Moyne (f° 629). — Lenoir (f° 632). — Leygue (f° 635). — Leymarie (f° 638). — Llorente (f° 641). — Longuet (f° 644). — Lonjon La Grange (f° 649). — Lostanges (f° 653). — Lort (Paute de) (f° 665). — Louis-Antoine (3) (f° 670). — Lubersac (f° 673). — Lur (f° 703). — Lepère (?) (f° 705).

TOME 103. — Martial (f° 1). — Maillé (f°s 4, 41). — Martin (f° 27). — M.... (illisible) (f° 38). — Maziéras (f° 46). — Mellet (f° 49). — Mensignac (f° 58). — Merville (?) (f° 61). — Meunier (f° 64). — Meynie (f° 72). Miniot (f° 75). — Mion Le Moyne (f° 78). — Mionot (lire Mignot (f° 81). — Moncheuil (f° 86). — Monel (f° 88). — Montferrand (f° 104). — Montagnac (d'Artensec, curé de) (f° 185). — Montalembert (f° 193). — Montes-

---

(1) Minutes de lettres écrites par Lespine.

(2) Lettres de divers membres de la famille Lespine.

(3) Lettre de Louis-Antoine d'Artois, duc d'Angoulême, au comte d'Hautefort.

son (f° 208). — Montesquiou (f° 210). — Montmaur (f° 214). — Montozay (f° 217). — Mourcin (f° 228). — Müller (f° 241).

Nadaud (f° 248). — Noël (f° 250). — Nouweyler (f° 255).

Osmond (f° 258).

Pajot La Forêt (f° 267). — Parrot (f° 273). — Paulhiac de La Sauvetat (f°276). — Pelletier (f° 281). — Périgueux (l'évêque de) (1) (f° 286). — Peyrot (f° 290). — Peyronny (f° 293). — Pontevès (f° 296). — Pourquéry (f° 301). — Nom en blanc (Vidal) (f° 304). — Prunis (f° 311).

Remy (f° 322). — Robert (f° 332). — Rochechouart (f° 334). — Rochefort (f° 337). — Rochemeuse (?) f° 343). — Rochemore (f° 354). — Roger (f° 359). — Rolin (f° 376). — Rouard (f° 382). — Nom en blanc (de Jean de Jovelle) (f° 395). — Royer (f° 398). — Ranouil (f° 407). — Rasac (f° 412). — Rastignac (f° 416). — Record (f° 422). — Roding (f° 425). — Reverdin (f° 429). — Richard (f° 433). — Rives (f° 435). — Ruedolfer (f° 437). — Ryhimer (f° 440). — Schult (f° 443). — Saint-Allais (f° 446). — Saint-Astier (f° 449). — Saint-Claude (l'évêque de) (f° 502). — Saint-Avit (f° 505). — Saint-Hilaire (f° 510).

TOME 104. — Saint-Jorry d'Hautefort (f° 1). — Saint-Laurent (f° 53). — Saint-Meyme (f° 73). — Salletory (lire Salleton) (f° 78). — Schulten (f° 90). — Segonzac (Bardon de) (f° 97). — Anonyme (2) (f° 236). — Siau (lire Vidal) (f° 237). — Sophie (3) (f° 240). — Soran (f° 333). — Souillac (f° 336). — Surville (f° 340).

Taillefer (f° 379). — Talbert (f° 646). — Talleyrand (f° 671). — Teyssandier (f° 676). — Tessières (f° 677). — Toucheboeuf-Beaumont (f° 748). — Tournier (f° 714).

Valbrune (f° 719). — Vassal (f° 722). — Verdenaud (f° 744). — Verteillac (f° 746). — Vidal (f° 751). — Villevieille (f° 755) (4). — Vintimille du Luc de Lostanges (f° 761).

---

(1) Emmanuel-Louis de Grossoles de Flamarens.

(2) La lettre est signée : « Celui que vous vous plaisiez quelquefois à appele Sganarelle. »

(3) La signature n'indique pas le nom de famille.

(4) Au folio 760, est intercalée une lettre signée Reymond

TOME 105.

Correspondance (mélanges).

Lettres adressées à Lespine, non signées ou signées de simples initiales (1) (f° 1).

Notes sommaires relatives à divers voyages de Lespine (1804-1807) (f° 545).

Certificat d'études délivré à François Lespine par le recteur de l'Académie de Bordeaux (1729) (f° 549).

TOME 106.

Correspondance Prunis et Leydet. (2)

État sommaire des manuscrits que M. Prunis, ancien député au Corps législatif et historiographe du département de la Dordogne, propose de céder au gouvernement (f° 1). — Manuscrits de M. Prunis (f° 5).
Catalogue d'ouvrages dont M. de S. veut se défaire (f° 12).
Second envoi des manuscrits historiques de M. Prunis à Mgr le Ministre de l'intérieur (1811) (f° 16).
Michel Montaigne (f° 18).

> Notes sur les voyages de Montaigne (f° 19). — « Relation des voyages de Michel de Montaigne, écrits par lui-même et trouvés au château de Montaigne par J. Prunis, chanoine régulier de Chancelade (précieux) » (préface) (f° 20). — Note sur la postérité de Montaigne (f° 25).

---

(1) La plupart de ces lettres ont été écrites pendant l'émigration. Quelques-unes sont signées et auraient pu être classées dans les volumes précédents, par exemple : Dubut (f° 36), Ricaud (f° 48), Luzignem (f° 54), Saint-Abre (f° 418).

(2) Aurait dû être classée dans le fonds Prunis et Leydet.

Voyage de Jean Tarde dans le midi et en Italie (manuscrit original ; les premiers feuillets manquent) (f° 26). — « Relation et Mémoires du voyage que j'ay fait d'Avignon à Rome l'an 1593 » (copie faite par Leydet (f° 40). — « Mémoires du second voyage que j'ay fait à Rome en l'an 1614 en compagnie de Monsieur de Sarlat » copie faite par Leydet (f° 41).

Extrait des voyages de Montaigne (1580) (extraits faits par Leydet) (f° 50). — Lettres de citoyen romain accordées à Montaigne (copie) (f° 68 verso).

Minute d'une lettre adressée au Ministre de l'intérieur (par Prunis) (f° 73).

Lettres adressées à Prunis, classées suivant l'ordre alphabétique du nom des correspondants :

Amouroux (f° 75). — Ardilier (f° 78). — Argenton (f° 84). — Arnauld (f° 89). — Bourcin (f° 92). — Beaupuy (f° 95). — Bergeret (f° 98). — Berthier (f° 101). — Brugière (f° 105). — Comte (f° 107). — Des Camps (f° 110). — Du Clusel (f° 113). — Dutard (f° 116). — Fescheux (f° 119). — Foix-Candale (f° 122). — Labadie (f° 125). — La Marthonie (f° 126). — Larouza (?) (f° 130). — Maleville (f° 132). — Nadaud (f° 138). — Périgord (le comte de) (f° 158). — Roubaux (f° 161). — Vignes (f° 165). — Lettres non signées (1) (f° 166).

TOME 107 [2].

Journal de l'abbé de Lespine.

(Juin 1788-décembre 1790).

---

(1) Sous cet intitulé inexact, ce dossier comprend les pièces suivantes :

Note sur M. de La Colonie (f° 167). — Lettre du comte du Barri (f° 170). — Lettre (nom illisible) (f° 172). — Note relative aux hommages rendus pour la terre d'Excideuil (f° 179). — Lettre de l'abbé de Chancelade (Penchenat) (f° 180). — Lettre du marquis de Sourdis, lieutenant-général commandant en Guyenne pour le comte de Toulouse (f° 182). — Lettre de Mgr de Bourdeille, évêque de Soissons (f° 184). — Lettre du ministre Bertin

(2) Registre in-4°.

TOMES 108-109 (1).

Voyage aux bords du Rhin par MM. de Biran et de Lespine (2).

TOME 110.

Bibliographie. (Mélanges.)

« Catalogue des livres qui sont dans ma bibliothèque à Montagnac » (3) (f° 1).

Notes bibliographiques de Lespine concernant la Bibliothèque nationale (f° 3).

Comptes divers (f° 38).

Lettre du maire, de l'adjoint et des conseillers municipaux de Vallereuil à l'évêque de Périgueux (minute) (f° 44).

Suite des notes bibliographiques (f° 45).

Notes de voyage (f° 127).

« Cayer de comptes » (f° 142).

Notes sur les émoluments du titre de chanoine (f° 147).

Pièces diverses. Requête de la demoiselle Laporte, épouse du sieur Chauvy, au juge de Neuvic (minute) (f° 153). — Liste des moralistes entrés au grand-séminaire de Périgueux en 1779 et 1780 (f°s 157, 158). — Passeports délivrés en Allemagne au comte d'Hautefort pendant l'émigration (4) (f° 159).

---

(1) Un registre in-4° et un registre petit in-folio.

(2) Le titre écrit par Lespine est ainsi conçu : « Voyage sur les bords du Rhin fait en 1792 par MM. Gontier de Biran, lieutenant-général en la sénéchaussée de Bergerac et député de la même ville aux États-[généraux]..... » (le reste est déchiré).

(3) Montagnac-la-Crempse.

(4) Parmi ces passeports, deux sont délivrés par Louis-Joseph de Bourbon, prince de Condé, « commandant en chef une division de la noblesse et de l'armée française » (1796), « commandant le corps de noblesse et de troupes françaises au service de Sa Majesté l'Empereur de toutes les Russies » (1797) (f°s 171 et 181).

TOME 111.

Recueil de poésies (1).

TOME 112.

Notes et papiers étrangers à l'histoire du Périgord.

I

Etat des abbayes et autres bénéfices en présentation de Mgr le comte d'Artois dans le diocèse de Poitiers (1787) (f° 1).

« Procès-verbal de l'assemblée générale du clergé de France tenue à Bloys lors de la convocation des Etats-Généraux tenus audict Bloys en l'an 1577 » (copie ancienne) (f° 53).

Manifeste sur l'apostolat de saint Martial (f° 146).

Tractatus de conciliis Ecclesiæ (f° 153).

Documents sur Saint-Florent de Saumur (f° 172); — sur Saint-Cernin de Toulouse (f° 177).

TOME 113.

Notes et papiers étrangers à l'histoire du Périgord (2).

II

Extraits de l'histoire du connétable du Guesclin (f° 1).

Notes sur l'histoire de France (f° 6).

Note sur Gréleti, capitaine des peuples du Périgord (f° 23).

---

(1) Parmi les pièces que contient ce recueil, et qui ont, en général, tous les défauts des poésies légères de la fin du XVIIIe siècle sans en avoir les qualités, il ne paraît y avoir à mentionner, au point de vue périgourdin, qu'une chanson intitulée *le Périgord* (f° 33).

(2) Sauf quelques pièces qu'on trouvera mentionnées dans l'analyse du volume.

Remontrances du Parlement en 1752 (f° 24).
Remarques sur la formation des familles (f° 52).
Notes et documents historiques (f° 60).
Origine des surnoms (extrait de Mabillon) (f° 77).
Notes et documents historiques (f° 89).
Notes de voyage (f° 120).
Notes et documents historiques (f° 129).
Notes sur divers comtes de Périgord (f° 131).
Notes sur des hommages rendus par des seigneurs du Périgord à l'évêché d'Angoulême (f° 136).
Lettre du président et des membres du comité de Montrem (minute) (f° 139).
Liste des ecclésiastiques massacrés à Paris les 2 et 3 septembre 1792 (f° 143).
Notes et documents historiques (f° 145).

TOME 114.

Titres originaux.

Chartes originales, qui forment un supplément aux tomes 81-85.

TOMES 115-174.

[*Notices généalogiques et documents sur les familles du Périgord*] ([1]).

Tomes 115-117. — Abzac.

Tome 118. — Achard. — Agonac. — Aix ou Aitz. — Albareil. — Alesme. — Aloigny. — Anglars. — Arlot. — Arnaud. — Aubusson. — Aulède.

([1]) Chaque dossier ayant sa pagination particulière, il n'y a pas lieu à indication des folios.

Tome 119. — Auteroche. — Authier (du). — Autresol. — Auvergne. — Aydie.

Baillot. — Baraud. — Barbezieux. — Barde. — Bardon. — Bardouin. — Baroncelly. — Barriac. — Barrière.

Tome 120. — Baume (La). — Bayly. — Boys. — Beaulieu. — Beaupoil. — Beauroire. — Beauville.

Tome 121. — Beauvoir. — Belcier. — Belhade. — Béron. — Bertin. — Bessou. — Beynac.

Tome 122. — Bidé. — Bideran. — Blanc. — Blaye. — Blot. — Bodin. — Boglon. — Boisse. — Bonal. — Bonet. — Bonneau. — Bonneguise.

Tome 123. — Bonneval. — Borgne. — Borie. — Born. — Borros. — Bouchard.

Tome 124. — Bourdeille.

Tome 125. — Boussier. — Bouville. — Bouzet (du). — Boysseulh. — Brebier. — Bris. — Brousse. — Bourzac. — Burbuzon.

Cadrieu. — Calvimont. — Campnhac. — Carbonnières. — Cardaillac. — Casnac.

Tome 126. — Cassaignes. — Castaing. — Castellane. — Castelnau. — Castillon. — Caumon. — Caumont.

Tome 127. — Caze. — Cazenave. — Chabannes. — Chabans. — Chabrier. — Chalup.

Tome 128. — Chamberlhac. — Champagné. — Chausi. — Chapelle. — Chapt de Rastignac. — Charon. — Chaslus. — Chassarel. — Châteaumorand. — Chaumont. — Chaunac. — Chaussade. — Chauveron. — Chesne (du). — Chillaud. — Chaumon. — Clarens. — Clermont.

Tome 129. — Cluzel (du). — Colbert. — Comarque. — Comte. — Conan. — Constantin. — Corn. — Cosnac. — Cosson. — Cours de Thomaseau. — Coustin. — Cotel.

Tome 130. — Cropte (La). — Cugnac.

Tome 131. — Cumont. — Custine.

David. — Dejean. — Delpech. — Derlac. — Dexmier. — Durand. — Durfort.

Escayrac. — Escatha. — Escodéca. — Escopian. — Escotais (des). — Esparbès.

Tomes 132-135. — Estissac.

Tome 136. — Estourmel. — Estrade (L') de la Cousse. — Estresse.
Fanlac. — Fages. — Fargis. — Fars. — Faubournet. — Faure. — Fayard. — Faye (La).

Tome 137. — Fayette (La). — Fayolle. — Fayt. — Flamenc. — Féletz. — Félines. — Ferrand. — Ferrières.

Tome 138. — Filolie (La). — Fontanges. — Forsat. — Foucaud. — Froidefond. — Fronsac. — Fumel.
Gain.

Tome 139. — Galard.

Tome 140. — Galard (suite). — Garde (La). — Garebeuf.

Tome 141. — Garric (du). — Gaulejac. — Gavaudan.

Tome 142. — Geard (La). — Gentil. — Gimel. — Girard de Langlade. — Giris. — Gironde. — Giscard. — Grenier. — Gombauld. — Gontaut.

Tome 143. — Gontaut (suite).

Tome 144. — Gourson. — Gozon. — Grailly. — Grand de Bélussières. — Grange (La) de Floirac. — Grégoire. — Grézignac. — Grignols. — Grimoard.
Hautefort.

Tome 145. — Hautefort (suite). — Hermite (L'). — Huchet de La Bédoyère. — Huet.
Jaubert. — Jaufre. — Jay de Beaufort. — Jouffre de Machat-Pompadour.

Tome 146. — Joussineau.
Labrit. — Lafon. — Lagut. — Lambert. — Lambertie. — Landry. — Larnaudie.

Tome 147. — Lascases.

Tome 148. — Lasteyrie. — Lau (du). — Laurière. — Lautrec. — Lavaure. — Lentillac. — Léon. — Lescot. — Lesparre. — Lespine. — Lestrade de Conti. — Lestrade de Floirac.

Tome 149. — Liguerac. — Losse. — Lostanges.

Tome 150. — Loupiac. — Lubersac. — Luco. — Luppé. — Lur-Saluces.

Tome 151. — Luzech.
Macanan de Sallegourde. — Machat. — Magontier de Laubanie. —

Malbec. — Malet. — Marche (La). — Marconnay. — Marcuil. — Marquessac. — Marthonie (La).

Tome 152. — Mas (du) de Payzac. — Maschat. — Masparault. — Massacré. — Maumusson. — Maussac. — Méallet. — Mellet. — Mensignac. — Miramon. — Miremont.

Tome 153. — Molinier de Saint-Orse. — Monéys. — Montagrier. — Montaigu. — Montalembert. — Montardit. — Montesquiou. — Montferrand. — Monstiers. — Montlouis. — Montozon. — Montpezat. — Montréal. — Mortuys. — Mosnier. — Murol. — Mussidan.

Tome 154. — Naucase. — Noaillan. — Noailles.
Orgnac.
Pac (du). — Paravicini. — Pas. — Pasquet. — Passefont. — Pauliac. — Pelagrue. — Pelaprat. — Pelegry. — Pelisses. — Péret. — Périer. — Plastulphe.

Tome 155. — Périn ou Perry. — Pérusse. — Peyronenc. — Philip. — Pichon. — Pierrebuffière. — Pin (du). — Pindray. — Pins. — Plastols. — Polastron. — Pomiers. — Pontbriant. — Pouget (du). — Pompadour.

Tome 156. — Pons.

Tome 157. — Pons-Saint-Maurice. — Pont (du). — Porte (La). — Pot. — Pouchin. — Poujols. — Pourquéry. — Pradelle (La). — Puy (du). — Puypaulin. — Puységur.
Queille (La).
Ranconnet. — Raymond. — Relh (du). — Ribérac. — Ribeyreix. — Rieu (du). — Rigaudie (La). — Rimaillac. — Robert de Liguerac. — Robinet de Plas. — Roch. — Roche. — Rochebeaucourt (La).

Tome 158. — Roche-Aymon (La).

Tome 159. — Rochemaure. — Rochon. — Roffignac. — Roque (La) de Mons. — Roquelaure. — Roquemaurel. — Rouillas. — Roumagière. — Roux. — Royère. — Rudel.

Tomes 160-162. — Saint-Astier.

Tome 163. — Saint-Chamans. — Saint-Exupéry. — Saint-Rabier. — Sainte-Alvère. — Saintours.

Tomes 164-165. — Salignac.

Tome 166. — Salviac. — Sauzillon. — Sartiges. — Sarton. — Saunhac. — Saunier.

— 104 —

Tome 167. — Ségur. — Sendrieux. — Senilhac. — Sermet. — Solmignac.

Tome 168. — Sorbier. — Souc de Plancher. — Souillac. — Stuart. — Sudrie (La).
Taillefer.

Tome 169. — Talleyrand.

Tome 170. — Teillet. — Tessières. — Texier. — Thouron. — Tillet (du). — Timbrune. — Touchebœuf. — Tour-Blanche (La). — Tour d'Auvergne (La). — Tour-Saint-Privat (La). — Tour (La) de Vernojoux. — Turenne.

Tome 171. — Valbéon. — Valbrune. — Valette. — Valon. — Val ou Vals.

Tomes 172-173. — Vassal.

Tome 174. — Vaucocour. — Vernode. — Veyrines. — Vichy. — Vieillescazes. — Vieilleschèzes. — Vigier. — Villebois. — Villoutreys. — Vivans (1).
Ymon.

TOME 175.

[*Titres provenant du couvent de l'*]*Hôpital-de-Beaulieu.*

Registres capitulaires du couvent de l'Hôpital-de-Beaulieu, en Quercy (2) (f° 1).

Réception des novices, professions, nominations des dignitaires du couvent, permis d'entrée, concession de sépulture faite par l'abbesse, etc. (1651-1749) (3).

Extrait des titres concernant la maison noble de Monsec (f° 199).

---

(1) Ce dossier contient un manuscrit intitulé : « Faictz et exploits d'armes et de guerre de messire Geoffroy de Vivant, cappitaine de cinquante hommes d'armes des ordonnances du roi, seigneur de Doyssac, maréchal d'armée de Henry le Grand..... »

(2) Couvent de femmes dépendant de l'ordre de Saint-Jean-de-Jérusalem.

(3) Quelques pièces qui faisaient partie de ce recueil ont été transposées par erreur dans le tome 176. Voir ci-après.

TOME 176.

Mélanges généalogiques (1).

« Extraits d'un grand nombre d'anciens titres et de registres ou protocoles de notaires, dont voici l'état » (f° 1) :

> Extraits d'anciens titres originaux communiqués par le comte de Taillefer (f° 2) ; — des titres du château de Sallegourde, communiqués par M. de Rochefort (f° 27) ; — de trois registres des *de Rupe* père et fils, notaires, communiqués par M. de Tourdounet (f° 67) ; — des registres de Pindrac, notaire, à la maison de ville de Périgueux (f° 83) ; — des anciens registres des notaires de Saint-Cyprien, communiqués par M. Prunis (f° 98).

Table des noms des religieuses de l'Hôpital-de-Beaulieu (2) mentionnés dans les registres capitulaires, et autres pièces détachées tirées des archives dudit monastère (f° 102).

Extraits de l'inventaire des titres de la Chartreuse de Cahors (f° 107).

« Note de quelques anciens titres restés au hazard au château de Besse après le pillage et la dévastation des vandales et de la canaille roturière en 1794 » (f° 114).

Inventaire de certains titres de la maison de Plas (f° 121).

Extraits divers concernant le Sarladais et le Quercy (f° 130).

Fragments de notes recueillies par M. Saint-Hilaire, de Belvès, données à la Bibliothèque du roi par le comte de Clermont (f° 136).

Noblesse d'Angoumois et de Saintonge (f° 146).

Liste de familles nobles, avec indication des armoiries.

Pièces provenant des registres capitulaires de l'Hôpital-de-Beaulieu et notes généalogiques sur un certain nombre de religieuses dudit couvent (f° 157) (3).

---

(1) Titre inexact ou du moins incomplet, le volume contenant, outre les mélanges généalogiques, un grand nombre de notes et documents historiques d'intérêt général.

(2) Voir le tome précédent.

(3) Voir le tome précédent.

Recherches sur les quatre barons du Périgord (f° 167).
Extraits concernant Bergerac, Montagrier, etc. (f° 169).
Anciens sceaux dessinés (f° 171).

    Notes sur des sceaux dessinés dans un des recueils de Gaignières, aujourd'hui n° 17,116 du Fonds latin.

Listes de maires, consuls et officiers municipaux de Périgueux et notes (f° 173).

Compagnie à cheval des gentilshommes du Périgord (1792) (f° 189).

« Extrait d'un petit livre en deux volumes petit in-8° intitulé *Histoire de Périgueux* » (f° 191).

    « Noms de ceux qui signèrent l'acte du mois d'août 1244 par lequel il paraît que la rivière de l'Isle était navigable. »

Liste de maires de Périgueux (f° 193).
Notes diverses (f° 194).
Catalogue de divers cartons de la collection Lespine (f° 198).
Renseignements sur les preuves de noblesse faites par diverses maisons du Périgord et notes généalogiques (f° 200).
Liste d'anciens notaires (f° 208).
Notes diverses (f° 209).

TOME 177.

Notes généalogiques.

I

Extraits de la table des registres du Trésor des chartes (f° 1).
Notes généalogiques (f° 94) (1).

    Abzac (f° 95).— Achard (f° 109). — Agonac (f° 111). — Aix (ou Aitz) (f° 112). — Archignac (f° 113). — Auberoche (f° 114).— Aydie (f° 115).
    Banes (f° 118). — Bardon (f° 119). — Barrière (f° 120). — Bastardie (La) (f° 121). — Beaulieu (f° 122). — Beaupoil (f° 123). — Beauroyre (f° 126). — Belcier (f° 127). — Beynac (f° 128).

---

(1) Ces notes paraissent avoir été recueillies pour servir à former un Armorial du Périgord. Elles donnent le blason de chaque famille, avec l'indication des sources et quelques mentions généalogiques sommaires.

— Biron (f° 129). — Blanquet (f° 130). — Boisseuil (f° 131). — Boniface (f° 132). — Borie (La) (f° 133). — Bourdeille (f° 134). — Bourzac (f° 135). — Bruzac (f° 136).

Calvimont (f° 137). — Camain (f° 138). — Cassaigne (La) (f° 139). — Chabans (f° 140). — Champniers (f° 144). — Chantérac (f° 145). — Chassarel (f° 146). — Chaumont (f° 147). — Chesne (du) (f° 150). — Cheyron (f° 151). — Clarens (f° 152). — Clermont (f° 153). — Clusel (du) (f° 154). — Commarque (f° 156). — Cosson (f° 158). — Causson (f° 161). — Coulx (Las) (f° 162). — Cropte (La) (f° 163). — Cuguac (f° 165).

Fars (f° 167). — Fayard (f° 168). — Faye (La) (f° 170). — Fayolle (f° 174). — Féletz (f° 175). — Ferrières (f° 176). — Filolie (La) (f° 177). — Flamenc (f° 178). — Force (La) (f° 180). — Foucauld (f° 181). — Foucaud (f° 183). — Foy (Sainte-) (f° 184).

Gaillard (f° 185). — Galard (f° 186). — Golan (f° 187). — Gontaut (f° 188). — Grignols (f° 189). — Grimoard (f° 190).

Hautefort (f° 192).

Jaubert (f° 195). — Jay (f° 196). — Jayac (f° 198). — Joumard (f° 199).

La Batut (f° 201). — Lagut (f° 202). — Lambert (f° 203). — Landric (f° 204). — Lanes (f° 205). — Larmandie (f° 206). — Lau (du) (f° 208). — Lavaur (f° 210). — Lestrade (f° 211). — Limeuil (f° 213). — L'Isle (f° 214). — Losse (f° 215). — Lur (f° 220).

Malaguise (f° 223). — Malbec (f° 224). — Mareuil (f° 226). — Marquessac (f° 227). — Melet (f° 228). — Mensignac (f° 232). — Meymy (f° 233). — Monneins (f° 234). — Monpont (f° 235). — Montagrier (f° 236). — Montardit (f° 237). — Montaut (f° 238). — Montignac (f° 239).

Paleyrac (f° 240). — Périgueux (f° 241). — Porte (La) (f° 244). — Preyssac (f° 245). — Puypeyroux (f° 246).

Ramière (La) (f° 247). — Ratevouil (f° 248). — Renaudie (La) (f° 249). — Rigaudie (La) (f° 250). — Robert (f° 251). — Roux (f° 252).

Saint-Astier (f° 253). — Sainte-Aulaire (f° 255). — Saint-Martial (f° 257). — Saintour. (f° 258). — — Salignac (f° 265). — Salleton (f° 268). — Saunier (f° 269). — Segonzac (f° 274). — Ségur (f° 275). — Siorac (f° 285). — Solminihac (f° 286). — Souillac (f° 292).

Taillefer (f° 293). — Talleyrand (f° 301). — Tessières (f° 303). — Tour-Blanche (La) (f° 304). — Tricard (f° 305).

Ussel (f° 306). — Uzarz (f° 307).

Vassal (f° 308). — Vaucocour (f° 309). — Vigier (f° 313).

TOME 178.

Notes généalogiques.

II

Notes généalogiques sur un très grand nombre de familles périgourdines et autres (1) (f° 1).

Copie de deux actes concernant l'abbaye de Ligueux (f° 436).

Notes et extraits divers (f° 438).

Notices imprimées sur les familles d'Escravayat et d'Adhémar (f° 470).

Exemplaires incomplets.

Mélanges (f° 474).

TOME 179.

Mélanges historiques.

I

Collection de copies de titres concernant le Périgord, tirés des registres du Trésor des chartes.

---

(1) Ces notes, ainsi que les extraits détachés que contient le surplus du volume, avaient été probablement recueillies par Lespine en vue de sa collaboration au *Nobiliaire universel* de Saint-Allais.

TOME 180.

Mélanges historiques.

II

« Mémoires manuscrits relatifs aux privilèges des bourgeois de Périgueux, extraits du P. Labbe et de D. Estiennot, notes écrites de la main de M. Bertin, etc. » (f° 1).

Copie de l'histoire des comtes de Périgord composée par M. Chevalier de Cablanc, maire de la ville de Périgueux, en l'année 1689 et 1690 (f° 179).

TOME 181.

Mélanges historiques.

III

« Extraits détaillés d'un grand nombre de [ventes] et autres actes concernant la ville de Périgueux et plusieurs paroisses de la Drône, communiqués par M. de Taillefer. » (f° 1).

Terriers du XVIIe siècle, concernant les villes, paroisses et localités ci-après (1) : Périgueux et les environs (f° 2); — Agounat (f° 10); — Brassac (f° 13); — Celle (f° 17); — Champsavinel (f° 24); — Cornilhe (f° 35); — Louchapt (f° 39); — Eylhiac (f° 42); — Montagrier (f° 45); — Razac (f° 52); — Saint-Amand (f° 55); — Saint-Geyrat, Milhat et Sainct-Crespin (f° 68); — Sainct-Laurens-sur-Manoire (f° 72); — Sainct-Jehan (f° 76); — Sainct-Peylaneys (f° 95); — Sainct-Victour (f° 98); — Saincte-Marie-de-Perdoux et Sainct-Apre (f° 142); — la seigneurie de Salegourde (f° 162); — Bourgnhac (f° 193); — Rouffignac Eglise-Neufve (f° 195); — Preyssac le Château-l'Evêque (f° 196); — Sorges (f° 197); — Sensenac (f° 198); — Neufvy (f° 199); — Trigounam (f° 200); — Sainct-Astier (f° 201); — Chalus en Limousin (f° 202); — Sainct-Paul-de-Serre (f° 204); — Chansalade (f° 205); — Jaurre (f° 207); — Treillissac (f° 209); — Chantagrel (f° 210).

---

(1) Nous avons conservé la forme des noms cités.

TOME 182.

Mélanges historiques.

IV

Précis historique et chronologique sur la ville de Domme, donné à la Bibliothèque du roi par le comte de Clermont-Touchebœuf (1282-1328) (f° 1).

Fragment sur l'histoire de la langue française (f° 8). — Comparaison des langues de Périgueux et de Bergerac depuis l'an 1276 jusqu'à présent (f° 18).

Notes historiques (concernant la Touraine et le Poitou) (f° 27).

Notes et extraits divers (f° 101).

Recueil de notes, extraits, pièces diverses, telles que poésies, factums politiques, etc., parmi lesquels on se bornera à citer les principaux documents se rapportant au Périgord, savoir : Note sur les formules *solum Petragoricum*, *civitas Petragorica* (f° 102). — Extraits de D. Vaissette (f° 120). — Serment de fidélité au roi saint Louis par l'abbé de Sarlat (f° 170). — Coutumes de la ville de Sarlat (1238) (f° 175). — Lettre de l'évêque et du chapitre de Périgueux au roi (1243) (f° 178). — Charte concernant le droit *de commun* qui se levait à Sarlat (1245) (f° 179). — Lettre du maire et de la communauté du Puy-Saint-Front au roi (1245) (f° 181). — Procès-verbal de Pons de Ville, sénéchal, envoyé à Périgueux par le roi saint Louis (1246) (f° 184). — Autres extraits du Trésor des chartes (f° 188). — Procuration donnée par les maire, consuls et communauté de Périgueux pour assister au parlement de Tours (1308) (f° 211). — Note sur Domme (f° 212). — « Lettres de l'adjonction des baillages de Brive et d'Uzerche, qui étaient de la sénéchaussée de Pierregort et de Caourcin, faite à la sénéchaussée de Limoges » (1373) (f° 213). — Extrait du procès-verbal de la prise de Périgueux en 1575 (f° 227). — Note (xvii° siècle) donnant l'analyse d'un certain nombre d'actes concernant le Périgord (f° 229). — Lettre de Louis XIII aux maire, échevins et consuls de Périgueux (1635) (f° 247). — « Motion des communes de Périgord avec l'ordre qu'ils tiennent » (sic) (1637) (f° 242). — Relation de la mort de M. de Chanlost, gouverneur de Périgueux pour le prince de Condé, écrite par M. de Bernabé de La Borie (f° 247). — Extraits de la *Géographie historique* de D. Vaissette (f° 252). — Liste des troubadours périgourdins (f° 267). — Notes sur des sceaux appendus à divers actes du Trésor des chartes (f° 268). — Renseignements sur Belvès, l'abbaye de Fongaufier, etc., communiqués en 1810 par le comte de Clermont-Toucheboeuf, maire de Besse (f° 277). Autres renseignements sur Baynac (f° 279). — Extrait de la *Bibliothèque historique* du P. Le Long (f° 299). — Itinéraire de Prunis et Leydet pour leurs recherches dans les archives des châteaux, abbayes, etc., du Périgord (f° 314). — Notes relatives aux papiers de Prunis (f° 319). — *Calendrier du Périgord* (annonce) (1) (f° 328). — Relevé de divers actes des archives du Vatican (f° 329). — Note relative à l'église de Sainte-Alvère (f° 340). — Empreintes des sceaux d'Amanieu de Campnhac et d'Armand de Taillefer (f°s 341 et 342). — Poésies attribuées à des troubadours périgourdins (f° 349). — Plan intérieur de la grotte de Miremont (f° 410).

---

(1) Cette annonce, imprimée en placard, se rapporte à une nouvelle édition du *calendrier périgourdin*, qui est annoncée comme devant être publiée par Dalesme, imprimeur du clergé de Limoges, et mise en vente chez Dubreuilh, libraire, « rue Limougeane. »

TOME 183.

Correspondance générale (1).

Lettres du comte de Clermont-Touchebœuf (1808-1830) (f° 1).

Epitaphe de Catherine de La Dugnie, femme de Jean de Vivans, seigneur de Doyssac, au château de Doyssac (f° 102).

Lettres de divers correspondants (f° 104).

Etat des lettres écrites ou répondues par Lespine (1809-1816) (f° 211).

Ph. DE BOSREDON.

(1. Complément des tomes 100-104.

Périgueux. — Impr. DE LA DORDOGNE (anc. Dupont et Cⁱᵉ).

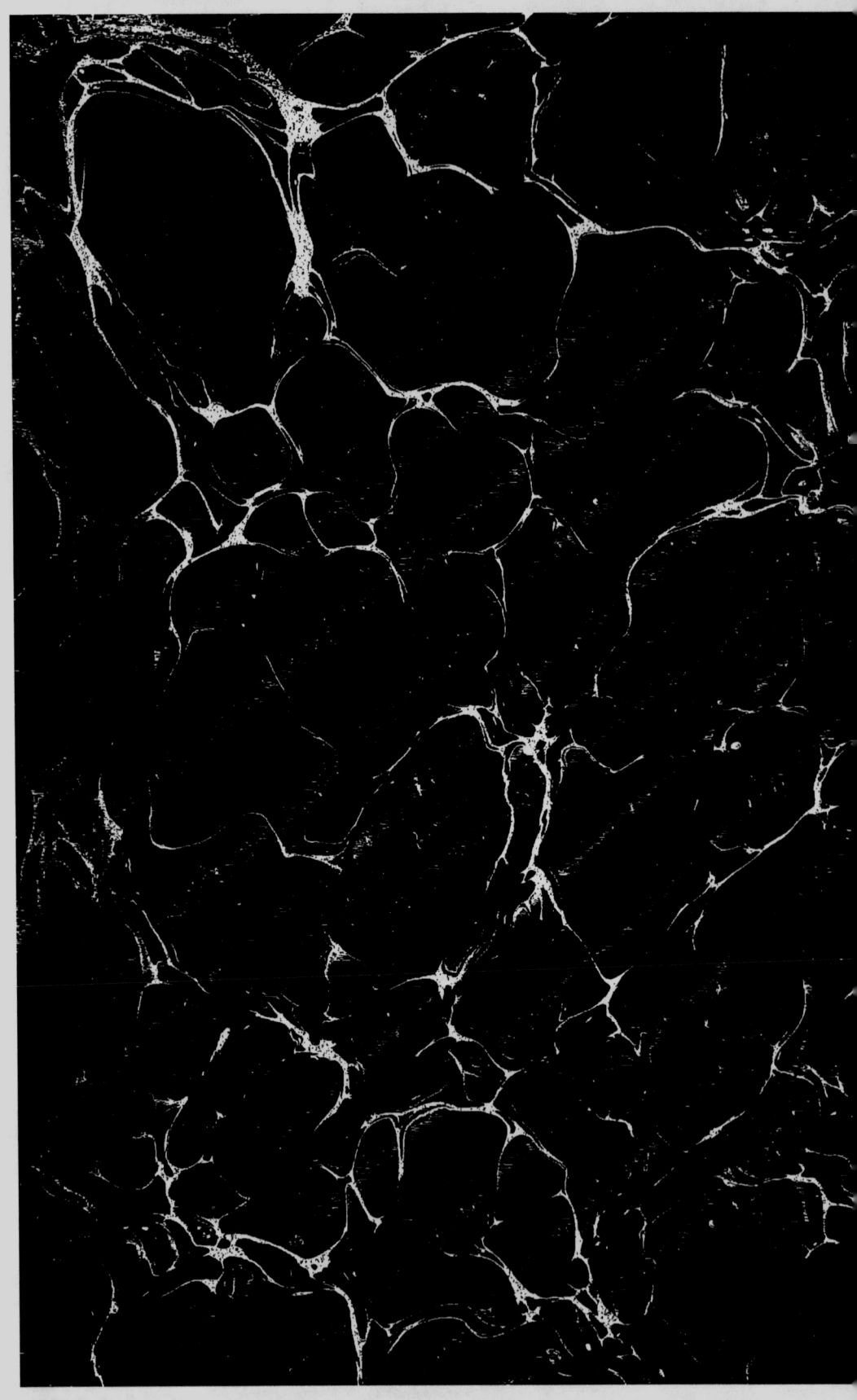

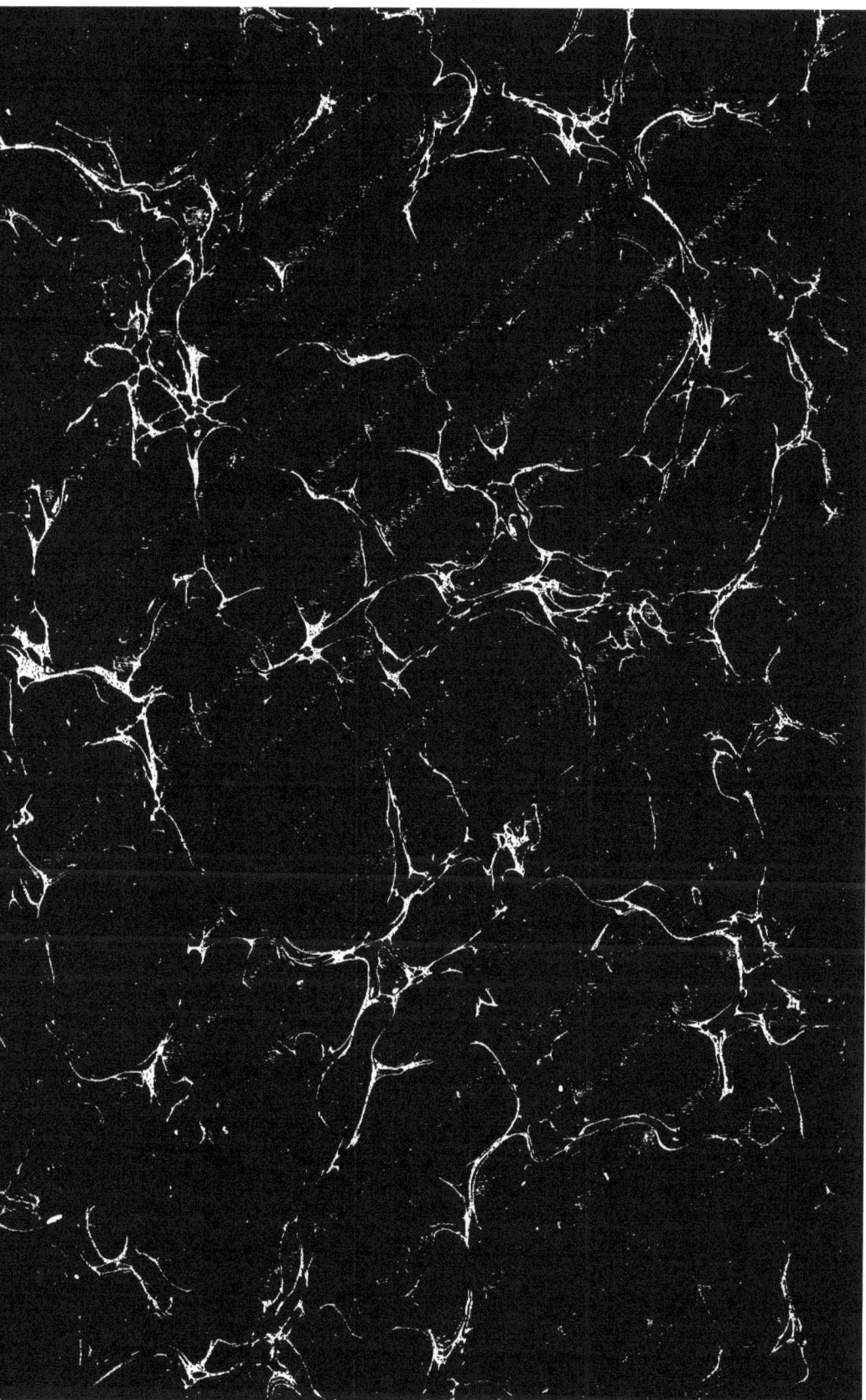

www.ingramcontent.com/pod-product-compliance
Lightning Source LLC
Chambersburg PA
CBHW060207100426
42744CB00007B/1195